Cuidar de si

LUIGINA MORTARI

Cuidar de si

LUIGINA MORTARI

Artesã

Cuidar de si

Título original: Aver cura di sé
@2019 Luigina Mortari

DIRETOR
Alcebino Santana

DIREÇÃO DE ARTE
Tiago Rabello

TRADUÇÃO
Dilson Daldoce Junior

REVISÃO
Danillo Lisboa Batista

Dilson Daldoce Junior

CAPA, PROJETO GRÁFICO E DIAGRAMAÇÃO
Letícia Ribeiro Ianhez

Catalogação na publicação
Elaborada por Bibliotecária Janaina Ramos – CRB-8/9166

M887c

Mortari, Luigina

Cuidar de si / Luigina Mortari; Tradução de Dilson Daldoce Junior. – Belo Horizonte: Artesã, 2024.

Título original: Aver cura di sé

328 p.; 14 X 21 cm

ISBN 978-85-7074-120-2

1. Espiritualidade. 2. Psicologia. 3. Filosofia. I. Mortari, Luigina. II. Daldoce Junior, Dilson (Tradução). III. Título.

CDD 152.145

Índice para catálogo sistemático

I. Espiritualidade

IMPRESSO NO BRASIL
Printed in Brazil

(31)2511-2040 (31)99403-2227
www.artesaeditora.com.br
Rua Rio Pomba 455, Carlos Prates – Cep: 30720-290 | Belo Horizonte – MG
/artesaeditora

SUMÁRIO

PREFÁCIO

Tivemos a felicidade de conhecer a Professora Luigina Mortari, inicialmente, por meio de seu primeiro livro, traduzido para o português, "Filosofia do Cuidado". Ficamos impressionados com a qualidade e o rigor das análises empreendidas acerca do fenômeno do cuidado, buscando, a partir da fenomenologia, compreendê-lo em suas qualidades essenciais. Sua análise filosófica acerca do cuidado dialoga diretamente com o Programa Grupo Comunitário de Saúde Mental, que temos desenvolvido no Brasil desde 1997, alicerçado no acompanhamento de experiências de vida em uma perspectiva de formação humana. Desse encontro inicial, nasceu o convite para que a Professora Mortari pudesse estar conosco em eventos que organizamos junto ao programa, sendo estabelecida uma parceria muito frutífera. Assim, somos testemunhas da relevância do trabalho da professora Mortari e de suas valiosas contribuições para a fundamentação de práticas educativas e terapêuticas.

É com grande satisfação que agora recebemos a sua segunda obra traduzida, intitulada "Cuidar de si". Uma extraordinária ajuda para o aprofundamento do assunto, visando, conforme aponta a professora a "configurar uma boa forma ao próprio ser". Tema particularmente relevante e oportuno, tendo em vista que vivemos em uma época marcada por uma compreensão reducionista do ser humano, que atrela a noção de pessoa a concepções de produtividade e individualidade exacerbada, resultando em rotinas marcadas pela sobrecarga de afazeres e desarticuladas de sentido. Tempo de relacionamentos competitivos e frágeis, com multiplicação do adoecimento psíquico.

Nesse contexto, o livro "Cuidar de Si" contribui de forma original ao propor uma profunda reflexão sobre o cuidado como essência da condição humana, baseada nas contribuições da filosofia antiga em diálogo com filosofias contemporâneas, por meio do método fenomenológico. Ao resgatar as lições do passado, o livro nos presenteia com saberes que possuem o potencial de nutrir uma cultura do cuidado tão necessária aos nossos tempos.

A leitura se transforma em uma viagem que abre horizontes de conhecimento, ao mesmo tempo em que percorre desafios cotidianos, como a complexa tarefa de navegar pelos caminhos do autoconhecimento. O texto apresenta, de modo claro, a responsabilidade que a pessoa humana possui de dar forma ao seu próprio ser e de moldar o tempo de sua existência com sentido. Enfatiza a necessidade de concentrar a mente naquilo que é irrenunciável: a sabedoria, a verdade e a virtude, fundamentais para tornar a vida digna de ser vivida e essenciais para a construção da comunidade e para o trabalho na política.

Convida-nos a compreender o cuidado de si não apenas como uma atitude de atenção a si mesmo, mas como ações que se exercitam sobre si, gerando transformações no próprio ser. A obra descreve e explora essas práticas, destacando sua importância na jornada de autoconhecimento e desenvolvimento pessoal. Aponta a reflexão sobre o pensar e o sentir, a busca pelas questões essenciais e o exercício das práticas espirituais como caminhos para a formação de si mesmo.

Como adverte a autora, o tema poderia dar margem a uma interpretação solipsista, em uma perspectiva de concentração da atenção sobre si. Algo que o texto ajuda a rever, por meio da compreensão da condição relacional do ser humano, estabelecendo uma unidade entre o cuidado de si e do outro.

Nesse processo de conhecimento de si mesmo, a educação desempenha papel fundamental, visando facilitar no outro a aquisição de capacidades e o desenvolvimento das disposições necessárias para desencadear o processo de autoformação. Como mencionado pela autora, "a direção de sentido da educação consiste em cuidar de que o outro aprenda a cuidar de si". Educar, portanto, significa cultivar na pessoa a capacidade e o desejo de dar forma a sua própria existência a partir de práticas de autoanálise.

Gostaríamos de expressar nossa profunda gratidão à Professora Luigina Mortari pela elaboração desta obra, marcada pela generosidade de uma mestra que se dedica a cultivar em nós o gosto e a capacidade de cuidar de nós mesmos, guiando-nos com maestria nessa jornada de autoconhecimento. Esperamos que este texto seja uma oportunidade para que o leitor cultive o desejo contínuo pela investigação de si mesmo e possa buscar pela sabedoria do humano.

Carmen Lúcia Cardoso
(Faculdade de Filosofia, Ciências e Letras de Ribeirão Preto - Universidade de São Paulo)

Sergio Ishara
(Hospital Dia do Hospital das Clínicas da Faculdade de Medicina de Ribeirão Preto – Universidade de São Paulo)

Capítulo 1

PARA COMPOR O TEMPO COM SENTIDO

O "mito de Cronos" (Platão, *Político*, 269a-275e) narra que houve uma época feliz para a raça humana: a era em que os deuses cuidavam dos seres humanos. Naquele tempo, o deus Cronos acompanhava o universo no seu curso e as coisas nasciam de si mesmas em favor dos seres humanos (271d). De fato, o deus Cronos governava o movimento circular do universo cuidando do todo (ἐπιμελούμενος ὅλης) (271d 4): o universo era dividido em partes e cada parte tinha quem a governava, segundo um princípio de ordem único para o cosmos inteiro. Mas essa condição de felicidade, ou seja, aquela em que os seres humanos eram objeto do cuidado divino, tinha uma duração temporal não infinita. Quando se completou o tempo determinado e o movimento do cosmos alcançou a sua medida, o deus Cronos se retirou para um ponto de observação fora do movimento do mundo (272e) e o deixou livre. Todos os deuses, então, por sua vez, abandonaram as partes que haviam sido confiadas aos seus cuidados. E foi assim que o movimento do universo passou a não conhecer mais a ordem primeira, segundo a qual se movia, e os seres humanos se encontraram abandonados, sem o cuidado divino (274b 6). Nos primeiros tempos, ainda privados de estruturas e técnicas, eles tiveram grandes dificuldades, e chegou a faltar-lhes o alimento que antes encontravam espontaneamente. Depois, receberam de presente dos deuses as técnicas necessárias para a vida humana e, com elas, puderam começar a prover para o cuidado de si mesmos.

O mito de Cronos enuncia uma tese ontológica sobre a condição humana: a situação na que os seres humanos nascem e vivem é aquela de estarem "privados dos cuidados dos deuses" (τῆς ἐπιμελείας ἐπέλιπεν ἀνθρώπους) e de serem chamados a "cuidar por si mesmos de si mesmos" (τὴν ἐπιμέλειαν αὐτοὺς αὑτῶν ἔχειν) (274d 11-13).

O cuidado constitui a qualidade essencial da condição humana. Uma vez que o cuidado não é algo que nos pertence, como o corpo e a mente, mas é o modo de ser-aí, ao qual se deve dar forma, pode-se dizer que a condição dos seres humanos é a de serem chamados a algo essencial que sempre falta: o cuidado. O ser-aí é sempre uma tendência contínua para a procura do que é necessário para conservar a vida, para a busca do que faz florescer e do que repara as feridas que sucedem no tempo (Mortari, 2015).

Ao pensarmos sobre o nosso próprio ser, descobrimos que ele tem a qualidade de ser inconsistente, no sentido de que a nossa condição ontológica é aquela pela qual, a cada instante, estamos expostos ao nada (Stein, 1997, p. 64). Vivemos no tempo e o tempo é a nossa matéria; mas não temos soberania alguma sobre ele. Somente o presente parece pertencer-nos; mas o presente é a atuação instantânea de um instante fugaz. A qualidade do nosso existir é a do contínuo vir a ser. O vir a ser é o prorrogar-se de instante em instante, e cada instante do vir a ser leva embora consigo uma gota de ser. Somos, portanto, carentes de ser, e não existe nada na condição humana que garanta o tornar-se o próprio poder ser. Somos uma série de possibilidades, mas o possível ainda não é o ser.

No momento em que nos descobrimos carentes de ser, prorrogados de instante em instante e sempre expostos à possibilidade do nada, encontramo-nos também chamados à responsabilidade de dar forma ao nosso próprio ser possível, uma responsabilidade fecundada pelo desejo incoercível de viver uma vida boa. Este é o paradoxo da existência: sentir a inconsistência, a fragilidade, a fugacidade do próprio ser, sem dispor de qualquer soberania sobre o próprio vir a ser e, ao mesmo tempo, sentir-se vinculados à responsabilidade de responder ao chamado a atuar o próprio ser possível, ao fatigoso trabalho ontogenético, no qual consiste a tarefa do viver, e que exige colocar entre parênteses a tendência a viver de momento em momento para pensar a longo prazo. Nascemos marcados por uma tarefa que outros viventes, como as bétulas e as abelhas, não têm: a de dar forma ao próprio tempo, ou seja, a de desenhar com sentido os caminhos do existir.

O nosso ser é um contínuo vir a ser e esse vir a ser não é um simples fluir no tempo, mas um encontrar-se inteiramente absorvido pela preocupação de ser (Lévinas, 1991, p. 28); uma preocupação que não é só de conservar-se no ser, mas é também de vir a ser o próprio ser possível. Assumir a tarefa de dar forma ao próprio vir a ser significa cuidar da vida, abraçar o próprio chamado à responsabilidade de dar forma ao tempo do viver.

Mas o cuidar da vida, justamente por ter sua origem no encontrar-se carente de uma forma completa e, portanto, sobrecarregado pela tarefa de tornar-se o próprio poder ser, corre o risco de traduzir-se num movimento egoísta, totalmente concentrado sobre si mesmo. Esse risco, todavia, encontra na realidade um limite intransponível, já que o vir a ser de cada um é indissoluvelmente entremeado ao dos outros. De fato, nós somos seres relacionais. É a essência relacional da condição humana que obriga o cuidar da vida a qualificar-se não só como cuidado de si, mas também como cuidado dos outros e do mundo. Lévinas define o responder a esse chamado ao outro como "outramente que ser", para indicar o gesto de responsabilidade de "devotar-se ao outro" (1991, p. 28).

A responsabilidade pelo outro, porém, não deve ser vista como uma interrupção do esforço em ser-aí, como se o ser-aí fosse, antes de mais nada, um ser-aí para si e como se o decidir cuidar do outro implicasse numa decisão que interrompe a atenção a si mesmo. O "sair-de-si-para-o-outro", definido por Lévinas (1991, p. 28), supõe um si independente do outro, porém, o existir é imediatamente um ser-aí-com-outros. Por conseguinte, o ser-aí que, na sua essência, consiste em encontrar-se chamado a tornar-se o próprio ser possível já é automaticamente responsabilidade por si mesmo e pelos outros. Na visão ontológica de Lévinas, "a aventura existencial do próximo importa ao eu antes que a sua própria, colocando o eu diretamente como responsável pelo ser de outrem" (1991, p. 28). Nesse desequilíbrio na direção do outro é que se encontraria a primariedade da ética.

Mas esse olhar o outro, que é o gesto gerador da humanidade, não deve obscurecer a essencialidade do cuidado de si, uma vez que sem o cuidado de si não existe possibilidade para o cuidado do outro, assim como o gesto ético de cuidar do outro é essencial para encontrar a própria humanidade. Por isso, não pode haver um simples ser para si ao qual opor um "outramente que ser", porquanto o gesto do ser-aí que, na sua essência, é cuidar da vida dá-se incindivelmente como cuidado de si e cuidado dos outros.

Somos chamados a aprender a cuidar da existência; em outras palavras, a *aprender a arte de existir*, aquela sabedoria das coisas humanas (ἀνθρωπίνη σοφία) sobre a qual Sócrates fala (Platão, *Apologia de Sócrates*, 20d) e que nos pode fazer encontrar a boa forma do viver. A arte de existir é a sabedoria que leva a encontrar os modos para dar uma forma boa ao ser-aí, de maneira tal a fazer do tempo do ser-aí uma composição de sentido.

Chegar a essa sabedoria é um aprendizado difícil que requer ser intencionalmente cultivado. E justamente a partir da necessidade de facilitar aos jovens o aprendizado de tal arte é que toma forma a prática educativa.

Contudo, se aceitamos concordar com a perspectiva de Sócrates, segundo a qual a arte de existir consiste em ter "um conhecimento seguro da virtude do viver humana e politicamente" (τίς τῆς τοιαύτης ἀρετῆς, τῆς ἀνθρωπίνης τε καὶ πολιτικῆς, ἐπιστήμων ἐστίν) (20b), então, é necessário estar consciente dos limites do saber educativo. Este não pode pretender poder ensinar uma tal arte, uma vez que ninguém a possui, nem mesmo quem assume o papel de educador, já que ela se trata de um saber que excede as capacidades da razão humana e, desse saber, a razão humana pode apenas elaborar alguns fragmentos. Ninguém tem a fórmula capaz de resolver o problema do existir; no máximo, chega-se, com o tempo, a dispor de alguns indícios. Além disso, o saber que serve à vida é algo que não pode ser acumulado e transferido, mas é um núcleo dinâmico que se constrói à luz da experiência e que, ao se construir, transforma-se e, ao mesmo tempo, transforma o sujeito que o elabora.

Se a educação não pode ensinar diretamente a sabedoria essencial e primária, que é a arte de existir, ela pode, todavia, guiar o sujeito educativo ao aprendizado dos métodos de pesquisa ontogenéticos – ou seja, que dão forma ao ser –, cuja prática conduz à busca do saber essencial. O cuidado dos jovens, no qual consiste a essência da arte magisterial praticada por Sócrates (Platão, *Laques*, 185d) e que deve ser entendido como cuidar para que o outro cuide do seu ser, atualiza-se, portanto, não em transmitir ao outro um saber já dado, pois ninguém o tem inteiramente e somente os sábios dele possuem alguns fragmentos, mas em guiar o outro à consciência da primariedade existentiva da busca de tal saber. Essa consciência constitui a condição essencial para que o sujeito responda ao chamado ontológico a ativar-se para vir a ser o próprio ser possível. Ainda que o saber mais vivo e essencial, aquele das coisas da vida, não possa ser transmitido, é possível fazer com que os jovens conheçam os percursos de busca que, segundo a experiência, mostraram-se significativos para fazer florescer o sentido do tempo do viver. A educação, portanto, deve ser entendida como o cuidado de oferecer aos jovens as experiências que movem o desejo de aprender as práticas necessárias para a busca daquilo que é irrenunciável para autenticar o próprio tempo.

A dificuldade em aprender apenas alguns fragmentos da arte do existir não depende apenas da qualidade das experiências voltadas ao aprendizado das técnicas do existir. De fato, não é suficiente aprender técnicas, pois nenhuma técnica se torna instrumento vivo se não é acompanhada por uma decisão, meditada no profundo, de buscar a melhor forma possível para o próprio ser-aí. É preciso, portanto, cultivar a *paixão pela formação de si*, que orienta a pessoa a empenhar-se para a realização de um valor (Stein, 1991, p. 186). A *paixão* por vir a ser o próprio ser possível é uma energia vital intencionalmente cultivada para dar forma à própria existência; é paixão pela busca de horizontes de sentidos para o existir.

Nós somos postos no tempo. A vida é feita de tempo. Não se pode dar por certo que alguém deseje e consiga dar sentido ao tempo da própria vida. É possível aprender a dar direção e ordem ao próprio caminhar no tempo, mas isso pode também não acontecer. Pode ocorrer que o próprio ser-aí, em vez de expandir-se nas diferentes direções de atuação que se revelam possíveis, contraia-se até o ponto em que a pessoa se sinta diminuída no próprio ser. Isso acontece quando alguém se deixa transformar em expectador da própria vida, aceitando limitar-se a vivê-la assim como ela acontece, sem assumir a responsabilidade de empreender as ações para fabricar o ser-aí que são necessárias para dar uma boa forma ao próprio tempo, mesmo percebendo que está se desintegrando em fragmentos sem sentido. O vir a ser sujeito do próprio existir implica em decidir assumir a própria carga ontológica, para não deixar que o tempo simplesmente passe sem que um fio de sentido possa ser desenhado no espaço, ainda que breve, do próprio vir a ser.

Para o ser humano, é inevitável vivenciar momentos de inquietude e um senso de dificuldade que é consequência do sentir-se frágil e vulnerável. Porém, quando não se assume a própria responsabilidade ontogenética, que requer o empenho a tecer fios de sentido no tempo que nos é dado, então, pode ocorrer a experiência daquela angústia que vem do sentir o tempo consumir-se em uma sucessão imóvel de instantes vazios de sentido. A falta da busca pela própria transcendência significa o risco do adoentar-se da alma nas formas desertificantes de uma existência perdida.

O chamado a dar sentido ao tempo para fazer da vida um tempo bom torna necessária uma sabedoria do viver, a "sabedoria humana" da qual Sócrates fala (ἀνθρωπίνη σοφία) (Platão, *Apologia de Sócrates*, 20d 8). É essencial, portanto, que a cada ser humano seja oferecida a possibilidade de viver experiências que orientem ao aprendizado de técnicas para buscar a sabedoria do viver e, ao mesmo tempo, cultivem o desejo por tal busca. Educar para a atenção com a existência significa educar para *cuidar de si*. O cuidado de si transforma o simples viver e o tempo que nos é dado, que poderia ser vivido assim como ele acontece, em existir, no qual o tempo assume forma segundo direções e desejos meditados de modo vivente. No chegar a existir é que se realiza a íntima unidade entre vida e pensamento.

O valor do cuidado de si foi enunciado por Sócrates e, posteriormente, reafirmado por outros filósofos. Uma elaboração refinada encontra-se em Epiteto, que define o ser humano como o ente disposto ao cuidado de si (*Diatribes*, I, 16, 1-3) para cultivar "a grandeza de alma e a coragem" (I, 6, 43). Segundo Epicuro, cada ser humano, por toda a sua vida, deve cuidar da sua alma, dedicar atenção a ela todos os dias e todos os instantes do dia (*Carta a Meneceu*, 122). Musônio Rufo, em uma sentença citada por Plutarco, escreve que "aqueles que querem salvar-se devem viver cuidando-se sem cessar" (cit. em Foucault, 1984, p. 49). Sêneca adverte que "o desperdício mais vergonhoso é aquele provocado pela falta de cuidado" (*Cartas a Lucílio* I, 1, 2): a matéria da nossa vida é o tempo e é preciso aprender a cuidar dele, tramando fios de sentido que teçam, juntos, os instantes da vida.

Se o evento de ser atualiza-se na preocupação de ser, ou seja, de vir a ser o próprio ser possível, então, o cuidar de si torna-se uma *opção existentiva obrigatória*, já que assumir essa responsabilidade é o fruto de uma decisão com a qual a consciência responde a uma necessidade incontornável. Responder com responsabilidade à necessidade do real significa colocar-se em uma posição ética. O cuidado de si responde a uma exigência profunda e incontestável da alma: compreender-se para encontrar a justa orientação do ser-aí.

À luz da assunção da primariedade do cuidado de si, pode-se afirmar que educar significa oferecer ao outro as experiências que, sendo significativas no tocante a todos os aspectos da pessoa (cognitivo, afetivo, ético, estético, político...), vão colocá-lo em condições de assumir por si a responsabilidade da própria formação. Portanto, o sentido último do educar consiste em facilitar no outro a aquisição das capacidades e o desenvolvimento das disposições necessárias para ativar o processo de autoformação, que consiste em assumir a responsabilidade de dar uma forma tão boa quanto possível ao próprio modo de ser-aí. Nesse sentido, o mestre é aquele que cuida em que o outro aprenda a cuidar de si (Foucault, 2001, p. 54).

A direção de sentido do processo de autoformação, entendido como cuidado de si, consiste em construir um "centro interior" (Stein, 1962b, p. 52). Isso pode significar: desenhar uma arquitetura de *princípios essenciais* que ajude a encontrar o caminho da própria atuação existentiva; cultivar as *posturas da mente* que permitem a busca do essencial, isto é, daquilo que, quando falta, ocasiona o sentimento de uma perda de ser; nutrir a *tendência* para manter a mente concentrada na busca pelo irrenunciável.

Dedicar-se ao cultivo de um centro interior permite encontrar as rédeas dos próprios movimentos, e disso depende a liberdade de ser, a liberdade que se manifesta quando as direções do ser-aí são escolhidas autonomamente e atuadas conscientemente. Defronte de uma vida que se desenvolve de maneira irrefletida, existe uma vida consciencial: a que reduz ao máximo possível o encontrar-se movido por algo externo, para deixar-se guiar pelo desejo de transcendência, ou seja, de gerar tempos e espaços adequados para o existir. Essa vida precisa de uma mente cuja atividade seja "totalmente instalada em si mesma" (Stein, 1962b, p. 53), ou seja, que aja não com base em impulsos reativos às solicitações externas, mas com base em decisões ponderadas, que se estruturam segundo os princípios essenciais para dar forma arquitetônica ao existir, princípios adquiridos por meio de uma busca rigorosamente meditada[1].

---

[1] Ao traçar o movimento do cuidado de si como tendência para agir livremente, o pensamento de Edith Stein constitui um ponto de referência essencial. Ela interpreta a diferença entre agir natural e agir livre no horizonte religioso e levanta a hipótese de que a pessoa é capaz de liberdade quando a alma está "totalmente instalada em si mesma" (1962b, p. 53) e que essa condição acontece somente quando se chega à referência do mundo da fé, pois somente confiando-se à graça divina é que a alma pode encontrar o seu fundamento. Pareceria um paradoxo pensar que somente confiando-se a um outro e, portanto, renunciando à própria liberdade, é que se dá a possibilidade de encontrar a verdadeira liberdade. Porém, essa é a visão de quem experimenta a fé e teoriza filosoficamente a partir de

Uma mente instalada em si mesma não é uma mente autorreferencial, solitária. Trata-se de uma mente cuja atividade depende de si, porque ela está empenhada em cultivar um centro interior. Esse centro, porém, vai-se tecendo no diálogo contínuo com os outros, por meio do confronto paciente e mediato por diferentes perspectivas. Justamente porque a condição humana é intimamente relacional, uma mente viva só pode ser uma mente dialógica. Se viver é conviver, então, o diálogo com os outros é essencial para encontrar a arte de existir; e especificamente fecundo para o processo de autoformação é o diálogo que acontece em uma relação educativa. Se, no contexto de uma relação ordinária, o relacionar-se com o outro de maneira autêntica é o ato em que do outro jamais é subtraída a possibilidade de assumir a responsabilidade pela própria existência, na especificidade da rela-

---

uma experiência não acessível a todos. Procurando o significado do cuidado de si, independentemente de possíveis ancoragens religiosas, o centro interior, somente do qual transborda a força vital que possibilita o agir consciencial e livre, pode ser pensado não tanto na forma de uma coisa que se dá objetivamente à consciência, mas como uma orientação da mente, um método, se por método entende-se um modo de estar entre as coisas. Ao perder o centro, ao perder o método para mover-se adequadamente no tempo, então, a alma treme e a angústia pode aparecer, uma vez que a alma sente como se o próprio ser e a vida se separassem e desaparecesse a possibilidade de qualquer movimento. É nestes momentos, nos quais tende sobrevir o sentimento de que tudo está por um fio, é que a disciplina do cuidado de si pode manter a alma em segurança.

ção educativa, o sentido do educar consiste em solicitar do outro que ele assuma a responsabilidade de realizar o processo de autoformação. Em outras palavras: a direção de sentido da educação consiste em cuidar de que o outro aprenda a cuidar de si.

Se aceitamos que a razão de sentido do educar é o cuidar de que o outro aprenda a cuidar de si mesmo, assim como Sócrates enuncia na *Apologia* (31a-31c), então o processo de autoformação configura-se essencialmente como aprender a cuidar da própria vida. É possível afirmar que, quando o cuidar de si é entendido como prática de autoformação, através da qual se assume a responsabilidade de responder ao chamado para dar forma ao próprio tempo da vida, então ele permite o acesso a uma dimensão autêntica do viver. É inautêntica uma vida feita unicamente de atos impessoais, nos quais as coisas acontecem segundo modos já decididos por aí, e não se decide o próprio ser-aí a partir de si mesmo. Se a dimensão de inautenticidade, pode-se dizer, coincide com o viver assim como as coisas acontecem, sem um investimento projetivo, a vida autêntica, por sua vez, consiste no viver assumindo para si mesmo a tarefa de fazer germinar direções de sentido.

"Cuidado de si" era, até pouco tempo atrás, uma expressão obsoleta que foi trazida novamente à atenção dos nossos tempos, sobretudo, pela obra de Michel Foucault (1984, 1988, 2001). Justamente porque obsoleta, antes de continuar com a argumentação, é necessário examinar as razões que levaram à marginalização, na nossa cultura, do conceito e, com ele, da prática do cuidado de si.

Antes de mais nada, pode-se compreender a desconfiança que acompanha a teoria do cuidado de si, desconfiança que, no curso do tempo, comportou um obscurecimento de tal prática. A razão de tal desconfiança deveria ser procurada no fato de, no ocupar-se de si mesmo, identifica-se uma forma de dandismo moral, um individualismo estetizante a ser evitado (Foucault, 2001, p. 14-15). O conceito de cuidado de si, que na cultura contemporânea evoca uma atitude egoísta e individualista, constitui, porém, por séculos, uma prática considerada positiva e que representou a matriz geradora de perspectivas éticas rigorosas e austeras, como a estoica, a cínica e, em certos aspectos, também a epicurista. Além disso, muitas das técnicas que configuram a prática do cuidado de si reaparecem, posteriormente, no contexto da cultura cristã. Considerar que o cuidado de si se reduz a um modo de ser individualista é um erro de interpretação, como demonstrou Foucault (1984, p. 55-57). Ele explica que tal prática, ao invés de resultar em uma abordagem solipsista à tarefa de afrontar a existência, exige uma intensificação das relações sociais, já que não se pode encontrar o caminho da arte do viver sem confrontar-se com os outros.

Uma outra causa da marginalização cultural sofrida pela teoria do cuidado de si deve ser indicada pelo motivo de ela, originariamente, ser elaborada para privilegiados. De fato, na cultura lacônia, a prática de ocupar-se de si era reservada a quem podia permitir-se ter escravos que se ocupassem das atividades ordinárias (Foucault, 2001, p. 28). Para reatualizar o sentido do cuidado de si, deve-se, portanto, ressignificar essa prática por meio de uma interpretação que evidencie o seu forte valor ético e, logo, a necessidade de que essa formação valha para todos os cidadãos, enquanto condição para a própria atuação existentiva e para o exercício de uma cidadania plena.

Nota de método

Tomar a cultura do cuidado de si por objeto de estudo exige a imersão nos textos da filosofia antiga. Trabalhar com textos tão distantes no tempo comporta o risco de escorregar numa arqueologia do saber que produz artefatos belos de se admirar, mas que permanecem inertes com relação ao presente e à necessidade específica que temos, hoje, de palavras falantes, vivas.

É preciso levar em conta que, ao se aproximar de textos distantes, pode-se verificar uma certa inquinação como consequência de que o olhar do intérprete, como todo olhar, é culturalmente situado, de modo que acaba colorindo o objeto de estudo com a atmosfera do presente. A inquinação do olhar, derivada da situação cultural do ato cognitivo, pode, porém, traduzir-se em recurso quando, em vez de pretender inutilmente aniquilar o próprio ponto de vista, opera-se uma hermenêutica dialógica dos textos, capaz de transformar as pressuposições que estruturam o nosso olhar em instrumentos que sabem escutar vozes remotas. É necessário cultivar uma razão hermenêutica que, sem renunciar ao olhar imergido na contemporaneidade, saiba deixar falar os textos antigos fielmente a si mesmos.

O parapeito a partir do qual se pensa atualmente dispõe também das coordenadas hermenêuticas fornecidas por algumas correntes filosóficas do século XIX que, sem se ocupar diretamente da questão do cuidado, tematizam a antiga questão da espiritualidade, ou seja, a atenção às práticas de transformação profunda do ser do sujeito (Foucault, 2001, p. 25). Portanto, pode ser significativo delinear os traços da cultura do cuidado de si a partir daqueles olhares filosóficos que, próximos de nós no tempo, podem nutrir uma leitura fecunda das exigências de espiritualidade expressas pela antiga cultura do cuidado de si. Todo olhar analítico está sempre culturalmente situado. Identificar e, explicitamente, fazer operativo um preciso ponto de observação pode levar ao encontro do caminho para tornar atual e vital aquilo que tomou forma em tempos remotos.

A partir dessas premissas, decidi optar pela fenomenologia como ponto de apoio para olhar a partir do presente. Essa escolha se mostra legítima diante do tema tratado, porque, como precisa Roberta De Monticelli (2000, p. XXIV), os fenomenólogos se ocuparam do "continente submerso" da vida interior. Além de a Max Scheler, são devidas particularmente a Edith Stein páginas vivas e metodologicamente rigorosas de fenomenologia da vida da mente, em especial, do seu lado afetivo, um mundo que nem sempre recebe uma adequada reflexão, tanto no nosso quotidiano, como nas ciências do espírito. É também fundamental o pensamento de María Zambrano, em cujas análises refinadas da vida da alma e do coração ressoa, de maneira viva, o princípio do conhecer a si mesmo que Sócrates coloca no centro da prática do cuidado de si.

Seguindo um processo espiral de pesquisa, após aprofundar o estudo da cultura do cuidado de si no pensamento antigo, optei por ativar como filtro de leitura as reflexões amadurecidas nas filosofias que atestam uma profunda consonância com o núcleo que caracteriza a cultura das práticas de espiritualidade e, a partir daí, estabelecer um diálogo com os textos antigos. Talvez essa escolha – mesmo levando em conta a impossibilidade de perfazer de forma linear qualquer percurso de estudo – seja por causa do fato de que a formação ocorrida através daquelas filosofias é que reativou a sensibilidade pelo tema do cuidado de si.

Capítulo 2

ESSÊNCIA DO CUIDADO DE SI

A PRIMARIEDADE EXISTENCIAL DO CUIDADO DE SI

Uma vez que se assume a afirmação de que educar significa orientar o outro para que ele cuide de si, então, a questão essencial – a mesma que Sócrates propõe a Alcibíades (Platão, *Primeiro Alcibíades*, 127e) – é compreender o que significa cuidar de si (ἑαυτοῦ ἐπιμελεῖσθαι). Essa questão deve ser ulteriormente aprofundada, na busca por compreender em que consiste "o cuidar retamente" (ὀρθῶς ἐπιμελεῖσθαι) (128b), ou seja, – procurando uma tradução adequada para o termo grego "*orthós*" (ὀρθῶς) – aquele cuidar que corresponde de maneira perfeita a quanto o real vir a ser exige como necessário e que acontece no momento justo e segundo a justa medida.

Para compreender em que consiste a essência de um bom cuidado, é necessário individuar *a que coisa* endereçar tal prática, qual é o seu objeto, e *na direção de que coisa* se deve tender, isto é, quais são as direcionalidades operativas.

Para responder a tais questões, *é preciso* tomar por referência o pensamento socrático, uma vez que se deve a Sócrates a instituição do conceito de cuidado de si (ἐπιμέλεια *ἑαυτοῦ). No Alcibíades*, encontra-se a primeira importante formulação do cuidado de si (Foucault, 2001, p. 40), porém, para melhor compreender o sentido de tal prática, deve-se ler esse texto em conjunto com a *Apologia de Sócrates*, já que nela encontra-se uma interpretação não menos importante do cuidado, enquanto Sócrates indica quais são as suas qualidades essenciais.

Na *Apologia*, Sócrates, enunciando o significado originário da prática educativa, afirma que a tarefa do educador é solicitar ao outro "cuidar de si" (Platão, *Apologia de Sócrates*, 36c). Ele explica que a essência do cuidado de si consiste em cuidar da própria alma (ἐπιμελεῖσθαι τῆς ψυχῆς) para que ela adquira a melhor forma possível (*ibidem*, 30b). De modo coerente com o fim a que aspira, a educação deve, portanto, ser entendida como prática que "tem por finalidade o cuidado da alma", e quem pode assumir a responsabilidade de educar é somente aquele que se torna especialista de tal cuidado (Platão, *Laques*, 185e), não apenas enquanto faz discursos sobre ele, mas porque vive coerentemente com aquilo que enuncia, realizando na própria vida o acordo necessário entre palavra e ações (188d).

A centralidade do cuidado da alma é reiterada em outros diálogos. No *Crátilo*, diz-se que não é necessário confiar a própria alma a uma terapia embasada somente sobre os nomes, sobre palavras (440c); no *Fédon*, considera-se que, já que a alma é imortal, deve-se reservar a ela dedicação e cuidado (107c). Mas é no *Alcibíades* que Sócrates explica analiticamente em que consiste "cuidar da própria alma" (ψυχῆς ἐπιμελητέον) (132c).

Devido à importância da interpretação do cuidado de si como cuidado da alma, é preciso sintetizar aqui a estrutura argumentativa do discurso socrático desenvolvida no *Primeiro Alcibíades*, pois ela constitui a matriz geradora da cultura do cuidado de si: é necessário cuidar de si (127e); o cuidar de si consiste em ser capaz de um cuidado perfeito, entendido como aquele que se move na direção de sentido de melhorar a si mesmo e que acontece no momento justo e segundo a justa medida (128b); para melhorar a si mesmo, é indispensável conhecer a si mesmo (129a), pois somente conhecendo a si mesmo é que se pode conhecer também a arte de cuidar de si (129a); conhecer a si mesmo significa conhecer a própria essência e, dado que a essência do ser humano é a alma, uma vez que "a alma é o ser humano" (130c), então, cuidar de si significa cuidar da alma (132c).

No *Fedro*, Sócrates fala especificamente sobre a educação da alma (ψυχῆς παίδευσιν) (241c) e explica que a alma é educada ao ser nutrida com coisas boas, a saber: com "beleza [καλόν], sabedoria [σοφόν], bem [ἀγαθόν] e todas as outras coisas afins a elas" (246e).

São essas as coisas que Sócrates define como as "essências dignas de amor" (250d). De fato, o bem é aquilo que toda alma vai buscando e, aceitando a tese socrática, segundo a qual o bem coincide com o belo (*Primeiro Alcibíades*, 116c), então, a sabedoria do viver consiste em buscar a essência do bem. Assim, "a virtude da alma" (τὴν ψυχῆς ἀρετήν) é a dedicação à da busca pelo bem. É essa busca a única capaz de fornecer um horizonte claro para interpretar o cuidado de si.

O cuidado de si tem uma razão ontogenética na necessidade de buscar a orientação do existir, necessária a desenhar com sentido o tempo da vida. O valor do discurso socrático parece indiscutível, porque, basta parar para pensar, não é possível não sentir a necessidade incontornável de ocupar-se eticamente do próprio ser.

Não é possível deixar de perceber que na afirmação "cuidar da alma" está presente o risco de uma interpretação solipsista e intimista do cuidado de si. Esse risco, porém, desaparece se a tese enunciada na *Apologia* é assumida, aquela na qual Sócrates afirma que cuidar de si significa aprender a deixar de lado o inessencial e, sobretudo, o que distrai a mente da concentração sobre o que é irrenunciável: trata-se de colocar de lado a procura por honra, glória e sucesso para, em vez disso, cuidar da sabedoria, da verdade (Platão, *Apologia de Sócrates*, 29e) e da virtude (31b). Sabedoria, verdade e virtude são as coisas irrenunciáveis para fazer do tempo que nos é dado uma vida digna de ser vivida, quer como indivíduo, quer como cidadão, pois essas são as coisas essenciais para construir comunidade e desempenhar o trabalho da política.

Quando não se cuida das coisas que são de máxima importância, então a existência sofre com isso, pois o nosso valor depende das coisas das quais cuidamos (*Apologia de Sócrates*, 41e). O cuidado da alma, do qual depende a qualidade da vida (Platão, *Protágoras*, 313a), exige com toda solicitude o cuidado das virtudes (325c)[2]. Cuidar de si significa ocupar-se do bem maior para o ser humano, que consiste em raciocinar todos os dias sobre a virtude – a que nos faz ser plenamente humanos e bons cidadãos – e em examinar as questões que são de maior valor existencial, pois das respostas encontradas depende a possibilidade de encontrar uma ordem de sentido para dar forma a uma vida boa. Tal é a importância de ocupar-se dessas coisas que uma vida que não se empenhe nisso "não é digna de ser vivida" (Platão, *Apologia de Sócrates*, 38a)[3]. Leve-se em conta o fato de que, na filosofia

---

[2] Esta passagem de Protágoras deveria ser traduzida literalmente como "cuidar com todo o cuidado" (ἐπιμελοῦνται πᾶσαν ἐπιμέλειαν) da virtude, um sinal não apenas da centralidade das virtudes na vida humana, mas também da forte primariedade atribuída à ação de cuidado.

[3] O cuidar de si se apresenta, portanto, como uma atividade essencialmente noética, ou seja, que emprega o pensamento. Foucault (2001, p. 13) escreve que "o cuidado de si implica uma certa maneira de estar atento ao que se pensa e ao que se passa no pensamento".

socrática, essa busca não se encerra num ato meramente intelectual, mas é algo que se encarna no modo de ser, que é testemunhado e, enquanto tal, está na base no agir político, uma vez que, para assumir responsabilidades políticas, é condição necessária cuidar de si cultivando a virtude da alma (Platão, *Primeiro Alcibíades*, 134c). Somente cuidando da alma é que se pode encontrar a medida para agir com justiça e sabedoria e, por conseguinte, conseguir esses bens para a cidade (134c-d).

Tal essência noética da prática do cuidado pode ser encontrada também a partir da análise etimológica do termo que, no grego antigo, indica o cuidar, isto é, ἐπιμελέομαι (*epimeléomai*), cuja relação com o termo μελέτη (*meléte*) é evidente. Este significa não só cuidado, solicitude, mas também pensamento, meditação. Além disso, no grego antigo, outros termos que indicam o cuidado incluem entre os seus significados possíveis também a atividade do pensar, do meditar. É o caso do termo πρόνοια (*prónoia*), que indica tanto a atenção quanto o cuidado, e dos verbos προνοεῖν (*pronoêin*), que significa dedicar pensamento a algo, e φροντίζειν (*frontízein*), que Sócrates utiliza na *Apologia* (29e) ao explicar as direções de sentido do cuidado educativo e que significa seja pensar e refletir, seja cuidar e preocupar-se. Em *As Nuvens*, nas quais Sócrates é descrito no ato de meditar, Aristófanes utiliza os termos φροντίζειν (*frontízein*) e ἐκφροντίζειν (*ekfrontízein*); também Xenofonte, no *Banquete* (VI, 6), para dizer que a especificidade de Sócrates está no meditar, usa o termo φροντιστής (*frontistés*). Ao se levar em conta que φροντίς (*frontís*) não indica só o ato do meditar, mas também significa cuidado, pode-se dizer que quem medita, ou seja, o φροντιστής (*frontistés*), é quem sabe livrar-se das garras normalmente totalizantes dos afazeres práticos para dedicar-se ao pensar e que, precisamente meditando, cuida de si.

O que inspira, portanto, o cuidado de si, assim como ele é concebido por Sócrates, é o princípio do preocupar-se não por aquilo que se pode obter, mas por aquilo que se pode ser, cuidando de fazer florescer, da melhor maneira possível, a própria humanidade (*Apologia de Sócrates*, 36c), porque a *eudaimonía* (εὐδαιμονία), isto é, uma condição boa do viver, não consiste nas coisas de que se dispõe, mas, literalmente, numa boa (εὐ) vida espiritual (δαίμων) (*dáimon*, de fato, é o espírito que orienta a consciência). Quando não se cuida da vida espiritual, então o espaço vital da pessoa se contrai e são reduzidas, não só em termos quantitativos, mas também em qualitativos, as potencialidades do próprio ser.

Para cuidar da alma, é necessário ter uma direção de sentido e esta pode ser encontrada escutando a tendência primária do ser humano: a tendência para aquilo que é bem (Aristóteles, *Ética a Nicômaco*, I, 1, 1094a 2-3). A busca pelo que faz bem ao viver constitui a busca primordial da qual se gera todo ato existentivo. O conceito de "cuidado da alma" torna-se um conceito bom quando se identifica a justa direção dessa prática. A sabedoria, ou seja, aquilo que permite viver uma vida boa, não é algo que se tem, mas é uma orientação da alma nutrida pelo estar em busca do bem. Nessa busca consiste a virtude da alma, aquela que Aristóteles define como "virtude ética" (*Ética a Nicômaco*, VI, 2, 1139a 22). Segundo Epiteto, a busca por aquilo que é bem não é uma das várias opções possíveis segundo o valor relativista, mas é uma "pré-noção" e, como tal, comum a todos os seres humanos, pois toda pessoa "afirma que o bem é vantajoso e preferível e que devemos procurá-lo e buscá-lo em todas as circunstâncias" (*Diatribes*, I, 22, 1).

Uma vez que à tendência vital e irrecusável a uma vida boa não corresponde automaticamente a possibilidade de se ter uma visão clara sobre como concretizar o bem, então, o cuidado da alma – que se ocupa justamente da procura por dar uma forma boa ao ser-aí – mostra-se como uma tarefa não apenas ontogeneticamente necessária, mas também árdua, pois se apresenta como uma prática que não se baseia num saber certo, mas se nutre de um procurar contínuo: procurar pelo modo no qual viver é bem e pelo significado de uma vida feliz.

Sócrates não se limita a instituir a prática do cuidado da alma e a precisar quais as direções de sentido devam ser atribuídas a ela, mas ele indica também o modo de como entendê-la ao explicar que cuidar de si implica em conhecer-se a si mesmo. Diante de um Alcibíades bastante preocupado pelas riquezas, Sócrates explica que a coisa mais importante da qual se ocupar, caso se quer melhorar, é o que está inscrito no templo de Delfos: "conhece-te a ti mesmo" [γνῶθι σαυτόν] (124a-b), pois somente conhecendo a si mesmo é que se pode compreender como cuidar de si (129a). A primeira busca a ser realizada – e trata-se de uma busca extremamente difícil (129a) – é, portanto, a busca por conhecer o próprio ser-aí (129d), pois, "conhecendo-nos, ficaremos em condições de saber como cuidar de nós mesmos, o que não poderemos saber se nos desconhecermos" (129a). A maneira para demonstrar ter alcançado uma certa forma de melhoria e, portanto, de ter as competências para assumir cargos de governo, consiste em ser apto ao cuidado (ἐπιμελείᾳ) e em ter as técnicas (τέχνῃ) (124b), ou seja, os saberes práticos necessários para conhecer a si mesmo e para se melhorar. Logo, se educar significa cultivar no outro a capacidade e a paixão por dar forma a si mesmo, isto é, de praticar a autoformação, então, as direções de sentido para realizar esse processo consistem em *desenvolver a orientação ética do cuidar* da existência e em *aprender as técnicas* que permitem dar forma ao próprio ser-aí.

Ao teorizar a primariedade do conhecer-se a si mesmo (129e), Sócrates não estabelece, porém, uma coincidência entre tal prática e a do cuidado de si, mas, na verdade, considera a primeira como condição prelimitar para exercitar a segunda[4]. De fato, na *Apologia*,

[4] Se é verdade que o platonismo atribui ao conhecimento de si um valor primário (Foucault, 2001, p. 58-59), não parece possível, todavia, fazer coincidir essa prática com o cuidado de si, pois, ao analisar os diálogos socráticos no seu conjunto, encontra-se que, para realizar o cuidado de si, são indicadas outras práticas espirituais (concentração do pensamento sobre si mesmo, retraimento da alma em torno de seu eixo, retiro em si e isolamento) que estão

Sócrates precisa que o cuidar de si se realize na busca pela sabedoria das coisas humanas que está numa relação essencial com a procura pela virtude; no *Alcebíades*, ele não só afirma que o sentido do cuidado de si consiste em aprender a arte de "aperfeiçoar-se no máximo possível" (124b-c), mas também indica que o conhecer a si mesmo é um exercício imprescindível para aprender tal arte (129a), subordinando, portanto, o exercício do conhecimento de si mesmo à busca por uma boa forma de si. Fica evidente que o conhecer a si mesmo não coincide com o cuidado de si, mas constitui para este uma condição, quando Sócrates afirma: "conhecendo-nos, ficaremos em condições de saber como cuidar de nós mesmos, o que não poderemos saber se nos desconhecermos" (129a).

Para nos constituirmos como sujeitos que livremente dão forma à própria matéria, a nossa alma deve se conhecer e tomar uma decisão sobre as formas do seu vir a ser. Se paro e penso sobre as minhas vivências, posso descobrir que as ações através das quais me movo no mundo são diversas: algumas surgem como de um fundo

---

incorporadas no conhecimento de si. É verdade que conhecimento de si e cuidado de si se implicam numa "sobreposição recíproca" (Foucault, 2001, p. 60). Contudo, o cuidado de si permanece um objetivo, ao qual as outras práticas são subordinadas. Portanto, se é possível afirmar que o *conhecimento de si* tem um papel essencial, não parece, porém, correto deduzir disso a coincidência dessa prática com o *cuidado de si*.

opaco, outras se manifestam como atos livres escolhidos conscientemente. A complexidade das vivências é tal que evidencia a exigência de dedicar atenção a elas para buscar algo mais claro.

Conhecer a si mesmo significa entender quais são as forças que agem sobre a vida da mente, como elas podem implicar no próprio modo de ser e, então, avaliar em que medida elas ajudam no vir a ser o próprio ser na direção da própria atuação existentiva. Entretanto, aprofundar no conhecimento de si é algo difícil, razão pela qual pode ocorrer a fuga de tal empenho. Ao se abdicar do empenho em conhecer-se a si mesmo, visando a se aproximar do núcleo mais íntimo da alma, acaba-se por viver uma vida periférica, consumindo o tempo em atividades distantes das direções das quais se pode confrontar o essencial. Decifrar o que se pensa e o que se sente, buscar compreender o máximo possível nitidamente as visões, as teorias, as emoções, os desejos que constituem a matriz geradora do nosso modo de ser-aí é uma exigência percebida no íntimo, porque, quando alguém para e se escuta, não pode não sentir que a vida na qual o nosso ser flui exige uma certa transparência (Zambrano, 2007, p. 49).

Se consideramos a alma como o centro da força vital do próprio ser-aí, a partir da qual as direções de atualização da pessoa na sua unicidade singular tomam forma e onde se gera e cultiva a busca pela composição de sentido da própria vida, então, a declinação do cuidado de si como cuidado da alma parece fundamental. Se aceitamos pensar a alma como o centro dinâmico do nosso ser-aí e que a substância do nosso ser-aí seja constituída pelos pensamentos que pensamos e pelas emoções que sentimos, então, o cuidado de si, quando entendido como cuidado da alma, tornar-se cuidado do pensar e do sentir. E, já que, socraticamente, o cuidado de si implica no conhecimento de si, cuidar de si significa conhecer como pensamos e como sentimos.

Outro elemento relevante a ser considerado é o fato de que, no *Alcibíades*, o cuidado de si é apresentado como a prática de autoformação necessária para preparar-se à vida pública, pois não é possível ocupar-se do espaço compartilhado se não se exercita no cuidado do modo do próprio ser-aí. Sócrates estabelece uma relação substancial entre o cuidado de si e o exercício da virtude política, livrando, dessa maneira, o cuidado de si de toda visão intimista e apolítica.

Em Sócrates/Platão, o cuidado é o modo primário de ser-aí; de fato, é considerado prática essencial seja na relação de si com si mesmo, para cultivar a própria humanidade, seja no plano social e político. A paradigmaticidade ontológica e ética do cuidado é evidente no *Político*, no qual, cada vez que o agir político é definido, usa-se o termo "cuidado [ἐπιμέλεια]" (Platão, *Político*, 275e 7; 267d 7-8), e o político é definido como aquele que cuida dos demais, precisamente, como "aquele que cuida não singularmente, mas coletivamente" (275c 10-d 1-2). A política é definida como "a ciência que cuida dos seres humanos em comunidade [ἀνθρώπων κοινοτροφικὴν ἐπιστήμην]" (267d 11) e, numa outra passagem do diálogo, como "o cuidado para com a comunidade humana em seu todo [ἐπιμέλεια δέ γε ἀνθρωπίνης συμπάσης κοινωνίας]" (276b 7).

Ao considerar que, não só a política, mas, antes de mais nada, a educação se realiza como cuidado, já que o educador é aquele que cuida do outro para que amadureça a sua capacidade de cuidar da alma, pode-se dizer que, com Sócrates, o conceito de cuidado qualifica cada gesto essencial do ser-aí: aquele que o indivíduo exercita na direção de si mesmo (cuidado de si), aquele que o educador dirige ao seu educando (a *paideia* como cuidado que se dá no zelar pelo outro na sua unicidade singular), aquele que o político pratica para com os cidadãos enquanto coletividade (a política como cuidado). O cuidado de si é, portanto, o momento essencial para o exercício dos vários papéis sociais.

Mesmo não podendo deixar de lado as interpretações sucessivas às quais, ao longo do tempo, o conceito de cuidado de si foi submetido, é a versão política do cuidado de si, por assim dizer, aquela que se abre a uma dimensão intersubjetiva, que convence a assumir o pensamento socrático como orientação, a partir da qual conduzir o presente discurso. Com efeito, dada a consistência plural da condição humana, pela qual nenhuma existência é encerrada dentro dos limites da própria pele, mas é estruturalmente e inevitavelmente relacional, o cuidado de si só pode ser determinado em relação ao nosso ser, chamados a conviver com os outros, um aspecto que, na sua forma mais humanamente significativa, é declinado como assumir a responsabilidade de cuidar de si para conviver bem com os outros.

O CUIDADO DE SI COMO PRÁTICA

Em sua análise articulada e refinada do conceito de cuidado de si [ἐπιμέλεια ἑαυτοῦ], Foucault está interessado em evidenciar que o cuidado de si não designa somente uma atitude de atenção a si mesmo, mas implica num certo tipo de ação que se exercita sobre si mesmo para provocar modificações e transformações mais ou menos profundas no ser do sujeito (Foucault, 2001, p. 13). A expressão verbal que, em grego antigo, indica o cuidar, isto é, ἐπιμελεῖσθαι (*epimelêistai*), refere-se não só a uma atitude, mas a um modo de ser-aí, de agir. A sua etimologia remete a termos como μελετᾶν (*meletân*), μελέτη (*meléte*) e μελεαί (*meléai*). O vocábulo μελετᾶν (*meletân*) é frequentemente associado a γυμνάζειν (*gymnázein*), que significa fazer exercícios físicos, treinar. Mais precisamente, γυμνάζειν (*gymnázein*) designa um exercitar-se com coisas em confronto com a realidade, enquanto μελετᾶν (*meletân*) se refere a um exercício de pensamento (Foucault, 2001, p. 315). Também no vocabulário cristão do século IV, ἐπιμέλεια (*epiméleia*) indica o fazer exercícios, em particular, exercícios ascéticos. E justamente porque os termos relativos ao cuidado designam um conjunto de práticas (Foucault, 2001, p. 74), não podemos deixar de fazer considerações sobre as práticas nas quais se realiza a essência do cuidado de si.

Entre as práticas transformadoras que configuram o cuidado de si, elencadas pela cultura filosófica da antiguidade, encontramos várias técnicas: as de meditação, as de memorização do passado, as de exame de consciência e as de análise das representações que se vão gradualmente formando na mente (Foucault, 2001, p. 13). Algumas "técnicas de si" já estavam presentes em épocas mais arcaicas, como: os ritos de purificação, considerados necessários para preparar o próprio ser para encarar as experiências religiosas e aproximar-se do transcendente; a prática do isolamento, que consiste em tomar distância do mundo ordinário, em ausentar-se daquilo que é habitual para ocupar-se de si mesmo; as técnicas de retiro em si mesmo, para potencializar a capacidade vital da alma e evitar que, enquanto sopro, ela se disperse em virtude das pressões do mundo; a técnica da resistência, com a qual o sujeito se exercita a enfrentar equilibradamente as provações dolorosas que possam advir; o exame do que foi vivido durante o dia, para tomar consciência dos modos do próprio agir (Foucault, 2001, p. 41-42). Posteriormente, algumas dessas técnicas, submetidas a processos de revisão e remodelagem, sobreviveram, num primeiro momento, na tradição filosófica helenística e romana e, ulteriormente, na cultura cristã (p. 44).

Encontramos ecos dessas práticas em Platão. No *Fédon* (65b-c), diz-se que é necessário habituar a alma a concentrar-se sobre si mesma, a recolher-se em si mesma, liberando-se dos vínculos com o corpo, pois este, com as suas tendências, impediria a alma de "atingir" a verdade (65b). Uma prática espiritual é, portanto, identificada no exercício destinado a liberar o pensamento dos vínculos com a matéria para tornar-se um pensamento puro (65c), pois, se o verdadeiro é algo livre de impurezas, então, a mente pode se aproximar dele somente quando raciocina com a sua maior pureza[5]. No "mito da caverna" (Platão, *República*, livro VII), a alma é chamada a uma conversão radical capaz de tirá-la do mundo das coisas transitórias, no qual a mente apenas tem acesso a sombras, para subir na direção da luz, onde ela tem acesso apenas à verdade. A alma precisa de uma vida clara e a claridade encontra-se na busca de uma resposta às questões percebidas como fundamentais para a procura da sabedoria das coisas humanas. Assim, o trabalho de espiritualidade, em Platão, é essencialmente um trabalho de purificação destinado a potencializar as capacidades da alma e o desejo de ter acesso a um conhecimento verdadeiro.

---

[5] O pensar desmaterializado, desencarnado não pode acontecer, porque somos um corpo e toda a vida cognitiva se nutre dos dados sensoriais. Todavia, o ascetismo epistemológico de Platão, assumido com a devida cautela, mantém o seu valor heurístico, pois, com seu ideal impossível de "pureza perfeita" (*Fédon*, 65e), remete à tarefa de realizar o trabalho do conhecer, buscando ater-se às questões com a mente o mais desvinculado possível dos conteúdos mentais e dos procedimentos padronizados que impedem um conhecimento o mais "objetivo" possível.

A cultura platônica do cuidado de si terá, posteriormente, um eco de grande importância na cultura helenística e romana. O *Manual* do estoico Epiteto é um texto de práticas de espiritualidade, do qual se apreende que de nada valem leituras e estudos se, logo, o sujeito não busca aplicar sobre si mesmo os princípios para dar forma ética ao próprio ser-aí.

Examinar as técnicas de transformação de si destinadas a modelar uma boa forma do próprio ser é uma questão essencial e, como tal, sempre atual. Voltar ao passado, ativando um olhar nutrido pelas filosofias contemporâneas interessadas pelo trabalho sobre o si mesmo, pode ajudar a encontrar sementes de passado capazes de fecundar uma cultura do cuidado mais necessária do que nunca.

O fato de que o ser humano tem a possibilidade de plasmar o próprio ser é sinal de que ele dispõe de um certo grau de liberdade e, ao mesmo tempo, de uma certa força ontológica. Contudo, deve-se observar que a obra do plasmar encontra limites e, justamente em virtude disso, não se deve esperar por demais do trabalho sobre si mesmo.

Stein (1991, p. 177) considera a hipótese, segundo a qual o que limita os esforços para transformar si mesmo é uma "predisposição originária", ou seja, uma espécie de característica original que, enquanto possibilita certos desenvolvimentos, impede o ser de desenvolver outros aspectos. Essa hipótese que, como outras, é assumida em termos de uma pressuposição inverificável, deve ser considerada com a devida cautela crítica, pois introduz uma forma, mesmo que leve, de determinismo genético. Em vez de trabalhar com a hipótese de uma predisposição originária, prefiro pensar no peso que têm as primeiras formas recebidas pelo nosso ser nos primeiros momentos da vida; formas que, justamente por serem adquiridas quando a matéria do ser-aí é fortemente maleável, têm certa força ontogenética, mas que não são coercitivamente determinantes e irreversíveis. As primeiras experiências da vida – quando, diante de uma máxima vulnerabilidade e plasmabilidade, dependemos completamente dos outros e a matéria do nosso ser está imersa num processo morfogenético do qual não somos responsáveis – provocam o emergir de certos modos de ser-aí que, se conservados como adquiridos, sem serem submetidos a um olhar reflexivo, têm um efeito modelador potente, com o qual é necessário se confrontar ao decidir cuidar intencionalmente da própria forma de ser.

Outro limite para o trabalho de autoformação é identificado na qualidade do ambiente no qual se age. Além de recursos e possibilidades, o ambiente apresenta também forças e pressões que amiúde tracionam o ser em direções opostas. Conhecer os limites objetivos do trabalho de formação do si é essencial para evitar ilusões de onipotência inúteis e prejudiciais.

Aplicar as técnicas do trabalho sobre si significa exercer um trabalho de espiritualidade, já que espiritualidade é "a prática e a experiência através das quais o sujeito opera no seu próprio ser as transformações necessárias que permitirão o acesso à verdade" (Foucault, 2001, p. 17). Diversamente do que aconteceu na época moderna com Descartes, para o qual a verdade é um objeto acessível ao pensamento, por meio da aplicação de um método entendido como conformidade às regras, para a cultura do cuidado de si, a verdade não é algo que está objetivamente disponível e que apenas espera para ser adquirida pelo intelecto, mas ela é um horizonte ao qual se tem acesso plasmando o próprio ser para torná-lo capaz de agir com verdade.

Se o discurso é desenvolvido em perspectiva socrática, parece legítimo interpretar a cultura do cuidado de si como prática de espiritualidade (Foucault, 2001, p. 19) que exige colocar em ato técnicas de transformação do si mesmo com a finalidade de "cultivar a própria faculdade diretriz" (Epiteto, *Manual*, 29)[6]. O cuidado de

---

[6] O uso pragmático do termo "espiritual" se encontra em Pierre Hadot quando, para indicar a qualidade dos exercícios de pensamento sugeridos pela filosofia antiga, ele se refere a exercícios espirituais entendidos como práticas cognitivas através das quais a mente faz de si mesma uma matéria a ser compreendida e modificada, com o objetivo de operar uma transformação do modo de ser (Hadot, 2002,

si deve, portanto, ser compreendido como uma prática espiritual de trabalho sobre o próprio modo de ser, para buscar desenrolar o fio seguindo o qual se tem acesso a um fragmento de verdade. Uma verdade agida e não apenas pensada e, portanto, uma verdade não só quando é alcançada, mas também durante o seu processo de busca, tem efeitos transformadores sobre o próprio sujeito.

Em virtude das estratificações semânticas do conceito de verdade, é necessário precisar algumas coisas antes de prosseguir com o discurso. Antes de mais nada, do ponto de vista construtivista, não existe uma verdade já escrita que a mente deve saber ver e contemplar, mas a verdade é sempre algo que a mente constrói num diálogo contínuo com a realidade. Além disso, devem-se distinguir dois tipos de verdade: a verdade da ciência, que responde à necessidade de *explicar* os fenômenos para controlá-los e que é adquirida através da investigação especulativa e experimental do mundo; e a verdade da existência, que responde à necessidade de *orientar* o processo de construção de horizontes de sentido necessários para realizar o tempo da vida. A verdade do existir não se resume simplesmente em dizer em que consiste

p. 30). Fala-se de exercícios porque a ideia de base é uma analogia entre a ação física para plasmar o corpo e a ação espiritual para cultivar a vida interior: assim como os exercícios físicos que repetidos regularmente permitem chegar a uma boa forma física e desenvolver determinadas habilidades, os exercícios espirituais transformam a qualidade da vida interior e, com ela, o modo de ser do sujeito.

o viver, mas enuncia a essência do viver bem (Epiteto, *Diatribes*, I, 4, 31). Os métodos para conseguir a segunda não são como aqueles úteis à verdade científica, assim como também são diferentes os métodos de verificação da fiabilidade das teses às quais se chega.

Em outras palavras, a verdade do existir não é algo que se adquire recorrendo a regras epistêmicas precisas, mas é algo que exige colocar em ato uma técnica da existência com a qual o sujeito se modifica e se transforma. A verdade do existir é algo que se encarna, que se age desenvolvendo certos modos do ser-aí: "não pode haver verdade sem uma conversão ou sem uma transformação do sujeito" (Foucault, 2001, p. 17).

Como consequência da diversa ordem de perguntas da qual são geradas, por um lado, a busca pelo saber científico e, por outro, a busca pelo saber do viver, as verdades às quais aspira a pesquisa científica são irrefutáveis, isto é, exprimem-se em proposições de valor coercitivo, enquanto as verdades do existir se atualizam na medida em que exigem uma contínua interpretação.

Segundo De Monticelli (2004, p. 27), a busca pela verdade deve ser compreendida dando "um sentido forte ao termo, como busca por verdades não só prováveis, mas que podem ser afirmadas com base em evidências e justificativas e, como tais, tem um seu rigor e um seu método". Pode-se falar de evidências para as verdades da existência? Certamente, para esse tipo de verdades também deve-se buscar algo de não opinável, e tal busca se realiza na procura por um acordo intersubjetivo, por uma validação cujo êxito depende tanto da radicalidade do exame, ao qual são submetidas as presumidas ideias de verdade, como da qualidade do confronto dialético a respeito dos discursos que vão sendo feitos. Todavia, é complicado falar de evidências indiscutíveis e de justificativas rigorosas: essas são formulações epistemológicas aplicáveis, ainda que com certa cautela, à outra ordem de verdade, isto é, à da ciência.

Quando Foucault (2001, p. 19) fala sobre verdade, parece que ele compreende o termo em sentido lato, incluindo tanto a verdade da ciência como a verdade filosófica; como sujeitos em busca da verdade, ele cita, de fato, o cientista e o filósofo. Aqui, porém, quando falo de verdade como polo de tendência do cuidado de si, refiro-me à verdade da existência, ou seja, às posturas existenciais e às direções do ser-aí, que permitem o acesso a uma "vida boa", na qual cada um deseja realizar a sua humanidade, o seu chamado a ser-aí. A verdade a ser buscada é o "saber da alma" (Zambrano, 1950, p. 19), aquela verdade que responde ao desejo de transcendência, pois abre a vida ao outro. Encontrar o saber da alma no qual se condensa a verdade do existir é como encontrar a visão que orienta o próprio caminhar no tempo e que indica as direções de sentido e o ritmo justo. A verdade pela qual se deve ir buscando é a que sabe sugerir os movimentos do ser que precisam ser cultivados, e que sabe indicar, também, em que medida.

O cuidado de si, entendido como prática de espiritualidade segundo uma visão socrática, é concebido como um percurso cujo horizonte ao qual tender são as verdades do existir; exercita-se, de fato, no cuidado de si, não para resolver teoremas ou para melhorar as técnicas de realização de um experimento de laboratório, mas para buscar uma resposta para as questões próprias do ser humano, aquelas que Sócrates insistentemente faz aos seus interlocutores: o que é bom, justo e belo fazer para realizar o tempo da vida. Assumir tais questões e examiná-las com disciplina, deixando-se guiar pela tendência à busca por aquilo que faz bem ao ser-aí, é condição necessária para procurar pelo horizonte, capaz de iluminar o caminho do viver e de fazer germinar de sentido a experiência.

Se nos ativermos ao modo corrente de compreender a atividade cognoscitiva, isto é, como a atividade da mente destinada a colher a qualidade das coisas, então o "conhecer si mesmo" não deveria ser elencado entre as técnicas que configuram o cuidado de si, uma vez que a ele se tende a atribuir um valor meramente recognitivo – ver a qualidade das coisas, *re*-conhecer a verdade –, enquanto o cuidado de si exige a aplicação de técnicas transformadoras. Entretanto, o "conhece-te a ti mesmo", do qual Sócrates fala, deve ser entendido como uma prática transformadora, pois, para ser capaz de conhecer a si mesmo, ou melhor, de examinar a alma para buscar a sabedoria das coisas humanas, é preciso ativar um certo modo de olhar, desenvolver posturas da mente precisas, modificar certos tratos da atividade cognitiva. Pode-se dizer que o conhecer si mesmo se dá por exercícios espirituais, ou seja, de práticas cognitivas que a mente exerce sobre si mesma para realizar gradualmente uma transformação do ser-aí.

Também Zambrano (1989, p. 57) interpreta o *pensar si mesmo* como uma forma de ação que plasma o ser-aí. Comentando o imperativo socrático, ela afirma que "o conhecimento de si se dá apenas concebendo a si mesmo", isto é, dando forma a si. Entendido dessa maneira, o conhecer si mesmo pode ser incluído entre as técnicas de espiritualidade que permitem a ativação do cuidado de si, pois a prática de indagar o próprio ser-aí não é entendida como espelhamento de uma dada realidade, mas como um movimento de dar forma ao ser que, orientado pelo desejo de ulterioridade, produz o modelamento do si. Nessa perspectiva, *o conhecer si mesmo pode ser concebido como um pensar que busca o método do viver*.

Como é que o conhecer si mesmo tem efeitos transformadores fica evidente a partir das reflexões que Stein faz sobre a vida interior, uma vida ameaçada por estar frequentemente presa a demasiados pensamentos e preocupações inúteis, que deixam a vida da mente longe do essencial, mas também presa a uma inquietude que a mantém em contínua agitação. Quando o conhecer si mesmo é movimento pela intenção de conhecer a qualidade da própria vida interior, pode-se chegar a discriminar aquilo que é essencial e aquilo que, por outro lado, provoca inquietudes inúteis. Chegar a esse nível de consciência permite encontrar uma forma de distensão da alma e também compreender quais são as vias de ação sobre si mesmo, que devem ser seguidas para buscar a ordem do coração, que é a fonte a partir da qual chegar à medida do próprio ser-aí (Stein, 1997, p. 89). O conhecer si mesmo leva a saber-se, e saber-se significa mover-se com uma certa liberdade.

Para permitir uma outra interpretação do princípio délfico, que possa ajudar a entrever a sua qualidade de prática transformativa, é útil retomar a distinção que Arendt (1978, p. 57-58) faz entre conhecer e pensar. Se, com a pensadora, assume-se que o conhecer é a faculdade cognitiva que a mente desenvolve para encontrar explicações fidedignas e rigorosas para os fenômenos nos quais a nossa vida está imersa, então, o princípio délfico encontra uma tradução mais adequada na fórmula "pensa a ti mesmo". A partir dessa anotação semântica, seria possível empreender a "epistemologia da experiência pessoal [que] deve verdadeiramente ainda ser totalmente construída" (De Monticelli, 2004, p. 42).

Num tempo como o atual, no qual permanecemos fascinados pelo poder das ciências da natureza, em particular daquelas mais matematizadas, e pelos sucessos da tecnologia, parece tempo perdido demorar-se no pensar, que se atualiza nas práticas espirituais que não podem desencadear nada de preciso e calculável. Porém, justamente porque é do pensar que vai em busca do irrenunciável que depende o sentido do próprio ser-aí, decidir-se pelo conhecimento de si é um ato existentivo essencial, tanto no plano pessoal como também no plano político.

CONHECER SI MESMO

O conhecimento de si mesmo responde à necessidade urgente que o ser humano sente de diminuir a opacidade na qual se encontra imerso para iluminar, na medida do possível, o seu ser-aí. "A todos os seres humanos compete conhecer si mesmos" (Heráclito, frag. 116) para encontrar o próprio estilo de vida, aquele que permite fazer florescer as próprias potencialidades. É uma forma de tolice, segundo Plutarco, viver com os olhos voltados mais para o externo do que para si mesmos (*Sobre a paz da alma*, 470b): conhecer si mesmo é necessário tanto para alcançar um certo grau de serenidade, quanto para encontrar a medida justa dos próprios atos, de maneira tal que sejam sempre proporcionais à qualidade e à quantidade da força vital disponível (471d). Praticar formas de autoinvestigação é de extrema importância: antes de buscar conhecimentos sobre os fenômenos e antes de dirigir a atenção aos outros, é preciso, antes de qualquer coisa, "ocupar-se da divindade que habita no próprio e cuidar dela lealmente" (Marco Aurélio, *Meditações*, II, 13). Conhecer si mesmo significa perguntar-se qual é a esperança que nos faz viver, compreender os próprios desejos, elencar os pontos de força e os pontos fracos, individuar os recursos interiores que mais facilmente ativamos e as zonas frágeis que exigem maior cuidado. Aprender a recorrer continuamente à autoinvestigação permite manter um contato sadio com a própria humanidade.

Quanto mais profundamente a prática do conhecer si mesmo atinge o íntimo da alma, compreendendo os modos existentivos que estruturam a essência do nosso ser-aí, mais possível é "viver uma vida plena" atuando as direções originárias do nosso ser (Stein, 1962b, p. 452). Conhecer si mesmo significa procurar identificar aquelas que Stein define como "qualidades persistentes do eu" (1922a, p. 59): podemos considerar que se tratam de qualidades cognitivas, de qualidades emocionais e também de qualidades relacionais que, por tenderem a perdurar no tempo, definem o núcleo da essência do nosso ser-aí.

Uma análise fenomenológica do nosso vir a ser revela, também, qualidades ocasionais, que têm duração relativa e, como tais, situam-se na superfície do ser-aí. Porém, também essas, juntamente com o núcleo das qualidades persistentes, concorrem para definir o perfil da pessoa. Individuar quais são as qualidades persistentes e diferenciá-las, por sua vez, das qualidades situacionais é tarefa primária do conhecer si mesmo. É verdade que individuar as partes essenciais de si e submetê-las ao exame da razão não é algo simples, mas somente perseguindo esse tipo de conhecimento é que se podem encontrar direções e ritmos para uma ação ordenada e bem medida do próprio ser.

"Existe muita aparência de verdade" (De Monticelli, 2000, p. XVIII) naquilo que pensamos ser: parece que tomamos decisões de maneira fundamentada, que fazemos escolhas livres, que agimos de modo justo e que os outros também reconhecem esse agir como justo, porém, atingir um conhecimento verdadeiro dos gestos do ser-aí não é algo fácil. Parar para averiguar as aparências de verdade é, portanto, essencial para encontrar uma maneira clara de posicionar-se em relação a si mesmo. Toda autoinvestigação da própria individualidade se paga e também é cobrada dos outros, pois, quando se está no erro, acaba-se por provocar sofrimento, quer a si mesmo, quer aos outros. O conhecimento dos modos do próprio si não é uma forma de saber como outras, mas se delineia como uma experiência viva do próprio ser que nos leva a encontrar nós mesmos e que, ao mesmo tempo, nos situa num caminho de busca interior.

A decisão de empreender práticas de autoinvestigação e de transformação implica em operar atos intencionais (concentrar-se sobre o presente, recordar, analisar, descrever...) que, por pressuporem uma decisão por aquela ação, dão corpo à "vida pessoal" (Stein, 1922b, p. 174), na qual um ser humano se constitui como sujeito da sua vida interior.

Ao se conceitualizar o conhecer si mesmo como uma prática formativa, mostra-se, porém, necessário tomar certas distâncias da gnosiologia realista de matiz platônica. Para Platão, o conhecimento, quando é adequado em termos de metodologicamente supervisionado, alcança a verdade entendida, portanto, como algo que existe independentemente do ato cognitivo que a colhe. Índices dessa gnosiologia realista, ainda presente na nossa cultura, são certas expressões recorrentes nos diálogos platônicos. No *Fédon*, a verdade é algo que a alma pode tocar (ἅπτεται) (65b) e possuir (κτήσασθαι) (66a); a busca pela verdade é apresentada como uma caça (θήρα) e a metáfora da caça recorre em muitos diálogos. A gnosiologia construtivista, em contrapartida, adverte que o pensar é sempre um construir, um desenhar cenários e, portanto, "o que fica manifesto quando falamos de experiências psíquicas nunca é a própria experiência, mas o que pensamos dela quando sobre ela refletimos" (Arendt, 1978, p. 31). O poder ontogenético do pensamento e, portanto, do discurso através do qual o pensar se manifesta corrobora, justamente, a tese da função transformadora da prática espiritual do conhecimento de si.

É o mesmo Platão quem adverte sobre a dificuldade de ter acesso à verdade das coisas de valor para a vida, ao afirmar que a verdade das coisas é acessível somente a uma mente desvinculada do corpo: "somente após a morte" (*Fédon*, 66d-e) a verdade pode ser colhida na sua pureza; enquanto, no tempo no qual se vive, é possível aproximar-se da sabedoria do verdadeiro na medida do empenho dedicado às práticas espirituais, mas sem poder alcançá-la inteiramente (67a). Apesar dos progressos da ciência, permanece sempre válida a reflexão de Xenófanes: "a evidente verdade, ninguém a conhece ou jamais conhecerá [...]: pois, ainda que, por acaso, alguém dissesse toda a verdade, mesmo assim não se daria conta disso". (frag. 34).

Ninguém tem acesso ao método de pensar capaz de esquadrar todos os ângulos do ânimo humano, pois, se assim fosse, o sujeito do pensar ganharia uma soberania completa sobre si mesmo; mas essa é uma potencialidade do ser-aí que não pertence à condição humana, já que esta, em virtude do seu ser frágil e vulnerável, está destinada à falta de soberania sobre a experiência, a viver a vida sempre na forma de um problema. Somos destinados a permanecer opacos diante do nosso próprio olhar, impossibilitados de ter acesso à fonte originária do sentido do ser-aí.

Capítulo 3

PRÁTICAS NOÉTICAS DE CUIDADO

O trabalho de espiritualidade através do qual se cuida da alma[7] exige que sejam ativadas diferentes práticas de pensamento. Antes de mais nada, trata-se de compreender como conhecer si mesmo, e conhecer si mesmo significa ocupar-se não só do próprio pensar, mas também do próprio sentir, pois

[7] Na literatura dedicada ao cuidado de si, o termo recorrente que indica a faculdade destinada à prática de autoformação é o termo "alma". Dadas as superestruturas semânticas, os pesos de significado, que ao longo do tempo carregaram a palavra alma, preferi por muito tempo falar de "mente" e indicar como objetivo do cuidado de si a vida da mente, pretendendo, com esse termo, incluir tanto a vida da razão como a vida do coração e, sobretudo, concebendo esses dois aspectos como não separáveis, como irrevogavelmente interconexos (Mortari, 2013). Com o passar do tempo, aprofundando o pensamento dos antigos, aprendi o valor desse termo que, aqui, uso para indicar não uma substância ou um lugar preciso da nossa vida interior, mas a orientação vital insistentemente empenhada a buscar a arte de existir.

uma coisa está extremamente ligada à outra. Como se poderá ver, a ação de autoinvestigação não se limita a buscar entender aquilo que se é e como se é, mas é também ação exploradora de outros mundos de pensamento possíveis e, ao mesmo tempo, ação transformadora de si mesmo. Aprofundar o conhecimento de si é um processo indissociável do cultivo de práticas de espiritualidade, que transformam o nosso modo de ser e, portanto, também o nosso modo de relacionarmo-nos com nós mesmos.

A cultura antiga, que se ocupava das técnicas para agir na direção transformadora de si mesmo, ecoa no trabalho filosófico de Edith Stein, pois o seu pensamento dá grande importância à prática do plasmar o próprio ser, do dar forma ao próprio perfil. Trata-se do trabalho de formação que ela define como "formação do caráter" (1991, p. 177). Entre os exercícios de au-

---

Não menos relevante para essa decisão foi o conceito elaborado por Edith Stein (1962a, p. 389), que fala de alma como "forma do corpo" (p. 399) e como um todo composto por corpo vivente e energia espiritual (p. 389), sugerindo uma interpretação material da vida espiritual que implica também em pensar o corpo como uma matéria espiritual. Todavia, recorro com frequência ao termo "mente" porque me parece o mais adequado para indicar a complexidade da nossa vida imaterial, interior, que, segundo essa distinta acepção, mostra-se mais articulada por compreender: a atividade cognoscitiva do intelecto que vai em busca da ciência útil para ter melhor domínio da experiência; o sentir do coração que indica a qualidade do nosso ser no mundo; o pensar da alma que vai em busca da verdade do existir.

toformação, ela indica: "sufocar impulsos", "reprimir inclinações" e, em geral, interpor obstáculos a todas as tendências que têm efeitos negativos sobre o ser; orientar o olhar para valores positivos, cultivar as virtudes e fortalecer a vontade, porque da sua força depende a capacidade da própria atuação existentiva (p. 177). Ao se examinar a qualidade dessas ações, emerge que elas podem ser categorizadas em dois tipos opostos de sinal ontogenético: o tipo do desfazer e do obstar; e o tipo do dar forma e do nutrir. Essa dúplice direcionalidade é que constitui o plano de fundo para a busca de práticas de ações transformadoras de si mesmo.

Empreender práticas de espiritualidade significa iniciar um caminho, aquele que leva a um além, a outros modos de ser. O sentido desse caminho está em encontrar a melhor forma do próprio ser e fazê-la florir, fazer florescer o tempo do viver com brotos de sentido. O problema, pelo qual o ser humano será sempre um problema para si mesmo, é que em nenhuma parte pode-se encontrar um paradigma a ser assumido como coordenada bem definida para o cuidado de si, já que a busca por tal paradigma é um trabalho que empenha a vida inteira (Platão, *Primeiro Alcibíades*, 132d). Nesse sentido, a sabedoria vem da experiência e, por conseguinte, as indicações que, na sequência, serão desenvolvidas têm apenas um valor indicativo de qualquer direção de sentido possível entre tantas outras.

CONHECER A VIDA DA MENTE

Cuidar de si significa encarregar-se do próprio ser segundo um destino (Heidegger, 1976, p. 270). Mas em que consiste a essência do próprio ser? Ao procurar uma resposta para determinada questão, o pensamento tende a proceder por comparação entre elementos, buscando analogias e diferenças; para compreender a essência do humano, procede-se por diferenciação dos seres viventes mais próximos, isto é, dos animais. Desse confronto emerge que a essência do nosso ser é a de *carecer*: carecemos de uma forma definida e, portanto, de uma direção do ser já adquirida, e é essa carência que obriga ao cuidado de si para buscar dar forma ao próprio tempo; mas descobrimos também o *ter*: temos o pensamento, que para alguns filósofos nos faz próximos do divino. É com o pensamento, em adição ao agir, que se pode cuidar do próprio ser segundo um destino.

Ao afirmar que o ser humano é o animal dotado de linguagem (ζῷον λόγον ἔχον), Aristóteles convida a individuar a essência do humano na vida da mente, na qual o pensamento e a linguagem são uma coisa só. No cuidado de si, portanto, "que a atenção seja toda para a mente" (Epiteto, *Manual*, 41).

Sem esquecer que o ser humano tem um corpo e que, logo, a vida da mente é sempre incarnada, é necessário considerar a essencialidade ontológica do pensar. Nós somos feitos de pensamentos; é no pensar que a qualidade do nosso ser germina. É com o pensar que nós nos compreendemos como um problema a nós mesmos e, enquanto tais, obrigados ao cuidado de si através do pensar. Por isso, é possível falar de noética do ser humano, daquele que, estando em casa na linguagem, atualiza com o pensamento a sua unicidade e singularidade e a manifesta aos outros. É, de fato, a partir da vida da mente e, precisamente, dos critérios de valor que ela elabora e dos mapas de significado que desenha que dependem em grande parte a forma e a direção do seu vir a ser.

Se, portanto, aceitamos que a vida da mente qualifica a essência da condição humana, então o princípio socrático do "conhecer si mesmo" pode ser interpretado como autoanálise da vida da mente.

Dadas essas premissas, é de fundamental importância identificar os modos nos quais se pode efetuar a prática de autoinvestigação. Trata-se de compreender em que tal prática deve consistir, ou seja, *como* se deve atuar e *sobre quais objetos* deve dirigir-se para que ela se situe na perspectiva do cuidar de si.

Mas antes de adentrarmos pelo bosque da autoinvestigação, algumas reflexões sobre a essência da vida da mente são necessárias para ajudar-nos a vislumbrar os lados difíceis de tal investigação, difíceis por causa de seu objeto, um material imaterial que, justamente enquanto tal, arrisca de escapar da análise rigorosa, que é imprescindível, para colher as suas qualidades essenciais.

O que colhemos ao dirigirmos o olhar à vida da mente é o seu ser, um fluir ininterrupto de vivências. Com efeito, toda vez que penso, colho-me numa unidade de experiências e advirto que essa é diferente daquela que acabou de ser vivida; daí decorre que conhecer si mesmo significa dirigir a atenção sobre ondas de vivências. É claro que estas, então, se tornam objetos primários da autoinvestigação, pois cada vivência revela a qualidade fundamental da pessoa (Stein, 1991, p. 227). Uma vivência de alegria por um ato nobre revela a sensibilidade para os valores que assumem as virtudes como ingredientes essenciais da vida; uma vivência de rancor revela uma ordem de significados diversa e, assim, uma qualidade pessoal diversa. Quando, portanto, o olhar espiritual se dirige a uma vivência, não é só ela que se torna objeto de análise, mas também o modo de ser do próprio sujeito.

Falar de "vida" da mente significa destacar que aquilo que encontramos sob o olhar do pensamento ao nos dirigirmos ao nosso espaço interior é um "fluxo de consciência", cujo vir a ser é um *continuum* que não conhece soluções de continuidade (Stein, 1922a, p. 45): um vir a ser "indiviso e indivisível", em cujo fluxo toda vivência nova se integra não somando, mas estruturando, já que cada vivência nova, incorporando-se ao fluxo, o transforma. Quando algo de novo toma forma no fluir da vida da mente, o já acontecido não desaparece, mas constitui o fundo sobre o qual se instala o novo; em outras palavras, no novo existe um persistir vivente daquilo que já ocorreu, de tal maneira que cada forma emergente contém contemporaneamente o novo que vem a ser e o já transcorrido, mas que ainda vive. Nada desaparece da corrente das vivências, pois toda vivência transcorrida continua vivente. Nada se perde; aquilo que é passado jamais passa, mas fica presente e age, porque aquilo que aconteceu nos estruturou, tornando-se parte da carne da mente. Podemos não sentir alguns passados, não sentir a sua presença, mas eles estão ali; outros, porém, nós os sentimos perdurantes e estão tão vivos que marcam com suas cores todos os ângulos e todos os instantes do presente que estamos vivendo. Esse perdurar do já vivido que tinge de si o presente pode ser, assim, tão intenso a ponto de impedir a ocorrência de um verdadeiro presente, pois o instante em que se vive encontra-se imediatamente assimilado no modo de ser da vivência perdurante. Existem modos perdurantes que colorem de bem o presente; outros pelos quais o que perdura é um sofrimento sutil que se infiltra em cada instante vivido, rendendo mais acidentado o caminho da busca por clarões de sentido.

Stein fala também de vivências “mortas” (1922a, p. 46), mas nada do fluxo do vir a ser morre. Pode ser que algo caia nos profundos abismos da consciência, mas não desaparece, não se pode dissolver, não pode virar um nada absoluto; conserva sempre o modo da existência, mesmo se tratando de um modo silente. Toda vivência permanece no seu lugar no fluxo e, mesmo se em certos casos fica no fundo, existe a possibilidade que ressaia à superfície, às vezes, repentinamente e causando desorientação, colorindo de si o presente.

Se aceitamos a assunção de uma unidade incindível das vivências da mente, caracterizada por uma copresença do transcorrido, do atual e do possível futuro em uma unidade vivente, então, o processo de análise, em virtude da sua necessidade de separar um *continuum* em fases pontuais, mostra-se sempre inadequado. O olhar autoanalítico não pode abraçar o inteiro fluxo, mas deve individuar unidades de vivências. Por conseguinte, perdendo uma visão do contínuo, arrisca-se um conhecimento parcial e simplificado, que torna impossível o acesso à verdade da coisa indagada. Se cada vivência fosse uma unidade intrinsecamente finita e separável do resto e, portanto, simplesmente se ligasse às outras unidades, segundo a lógica da contiguidade, seria relativamente fácil proceder com a autoinvestigação. Todavia, o que existe é um anelar-se do novo no já ocorrido, um anelar-se no qual a nova vivência se colore não só do presente em que aparece, mas também do passado no qual se imerge e também no futuro imaginado.

Quando, abrindo os olhos internos da mente, vislumbramos uma convicção, uma dúvida, uma hipótese ou uma crença que se manifesta ao olhar, o risco é aquele de assumi-la como um objeto sem tempo e sem camadas, uma coisa de apenas uma dimensão, seja temporal, seja espacial. Cada coisa da vida da mente, porém, é levada adiante junto de uma história feita de evoluções e de desorganização, da qual depende a sua forma atual. O mesmo vale para as vivências emocionais: o sentir que descobrimos inundar a alma no momento em que a observamos está num fluxo contínuo de emoções e de sentimentos que, mesmo se já passados, enchem com a sua essência a vivência presente.

A estrutura estratiforme e, ao mesmo tempo, dinâmica de toda unidade de consciência fica evidente quando, dirigindo a atenção sobre um conteúdo cognitivo ou emotivo, são imediatamente despertadas outras vivências, restituindo ao olhar interno a percepção do muito em uma só coisa. A autoinvestigação, então, para poder ter acesso à essência da vida da mente e, portanto, realizar autenticamente o princípio do "conhece-te a ti mesmo", deveria ser capaz de uma radiologia estratigráfica das vivências e de um olhar reflexivo que se distende no tempo, acompanhando o vir a ser das vivências.

O que torna árduo o processo de autoinvestigação é, ainda, o fato de que não só o fluir da vida da mente é um *continuum*, com relação ao qual toda operação de individuação de unidades de análise comporta sempre uma forma de simplificação redutiva, mas a mente é também um espaço de vivências contemporâneas (Stein, 1922a, p. 47): quando o olhar interno toma conhecimento do impor-se de uma convicção sobre o cenário da consciência, pode ocorrer que, ao mesmo tempo, colha o persistir de dúvidas; quando se capta uma emoção situacional, pode-se apreender o seu aparecer sobre um sentimento de fundo de diferente coloração afetiva, o que, todavia, não anula a percepção da diferente qualidade da emoção que se está impondo.

O conhecer si mesmo assume, assim, os contornos de uma tarefa difícil: é essencial empenhar-se nessa sondagem do próprio fluir sabendo, porém, não só que os confins deste são tais que nem mesmo podem ser vistos, mas também, dado que a vida mental é um vir a ser contínuo e indivisível, que o pensar, podendo prestar atenção só a uma vivência por vez, produz necessariamente um conhecimento limitado e fragmentado. A tarefa do conhecer si mesmo é sempre inadequada, como e talvez mais ainda que outra forma de conhecimento, pois o nosso perfil individual, ao mesmo tempo, mostra-se e se esconde diante da consciência que o indaga.

Quando o pensamento se ocupa dos fenômenos com os quais entra em contato na experiência quotidiana, o objeto do pensar é sempre transcendente, é sempre diferente do pensar; contudo, quando o pensar pensa a vida da mente, o ato cognitivo é imanente ao objeto de análise. Deve-se considerar, ainda, que a ação do pensar, como toda ação, deixa rastros de si. Ao pensarmos para compreender aquilo que somos, ocorre que o ato do pensar não se limita a compreender, mas, ao mesmo tempo, estrutura o ser. Sendo sempre inadequado, nunca se pode dizer que o trabalho de conhecimento pessoal foi concluído. Não só jamais se conclui, como também excede a razão humana, porque o nosso pensar reflexivo é incapaz de examinar a inteira vida da mente. O pensamento que pensa inteiramente si mesmo é somente o pensamento divino, que não conhece o limite de proceder de instante em instante, mas está além do tempo, além dos limites. Mesmo percorrendo todos os caminhos, o pensamento humano não pode encontrar os limites da alma, tão profunda é a sua expressão (Heráclito, frag. 45). Para chegar a conhecer si mesmo, portanto, seria necessário um trabalho de compreensão interminável. Interminável, mas também impossível, já que somos chamados a agir, e não há maneira de conceber-se como seres que somente pensam o próprio ser. Somente o pensar divino, enquanto pensa, pensa si mesmo sem quebra de continuidade. Assim sendo, deve-se buscar a justa medida da prática da autocompreensão: dedicar-se a ela quando se percebe uma necessidade real e diante das questões essenciais impostas à consciência.

Colocar em evidência a complexidade da vida da mente e, logo, a sua incomprimibilidade dentro dos instrumentos analíticos da razão não visa, porém, a responder a uma intenção de desvalorizar e invalidar o trabalho de *autoetnografia*, mas sim facilitar a consciência dos limites de toda ação de autoinvestigação, pois desenvolver a consciência do quanto é difícil conhecer a si mesmo representa a condição para amadurecer a necessária atitude de humildade heurística que mantém a mente empenhada em aperfeiçoar criticamente qualquer um de seus instrumentos e qualquer direção de trabalho.

A PRÁTICA REFLEXIVA

Se assumimos que à essência da vida da mente "pertence justamente o ser-consciente, isto é, o vir a ser consciente do próprio si mesmo", então, a ação cognitiva do pensar as vivências da mente permite ter "conhecimento da consciência" (Stein, 1991, p. 151). Esse conhecimento é algo possível, porque o seu sujeito pode assumir as suas vivências como objeto ao qual dirigir a atenção. As vivências da mente são atos cognitivos com objetos intencionais precisos e esses atos podem tornar-se, por sua vez, objetos intencionais de uma outra ordem de pensamento, ou seja, do "direcionamento 'reflexivo' do olhar" (Husserl, 1913a, § 38, p. 89) que, na forma de um outro ato cognitivo, volta-se ao primeiro. Enquanto o pensar é mantido em contato direto com a realidade, o *pensar pensamentos*, no qual consiste a reflexão, acontece no espaço da consciência. Conhecer si mesmo se dá através de "atos da reflexão" nos quais a vida da mente torna-se objeto de análise e é colhida conceitualmente. A reflexão é o gesto da mente no qual o sujeito do pensar observa aquilo que acontece em si mesmo. É um prestar atenção ao pensamento enquanto ele escorre e, escorrendo, produz pensamentos (Husserl, 1913a, §77, p. 186); é um dirigir-se da mente na direção do flui das suas vivências. Somente com o ato de reflexão a mente pode se tornar consciente da qualidade das suas vivências.

Pensamento e reflexão não são a mesma coisa: ambos são *cogitationes*, isto é, atos da mente; mas enquanto o pensar contempla algo que tem uma substância diferente do pensamento (pensa-se uma ação, um evento, um fenômeno físico), a reflexão pensa os pensamentos e, portanto, é um ato cognitivo da mesma qualidade do objeto ao qual se dirige. O sujeito que reflete escuta o próprio pensar e observa o próprio sentir. Com o termo "reflexão" identificam-se os atos cognitivos que são "imanentemente direcionados", ou seja, aqueles nos quais o objeto pertence à mesma matéria à qual também pertence o ato reflexivo (Husserl, 1913a, §38, p. 90). É enquanto tal que a reflexão permite colher e analisar o fluir das vivências nas variadas formas do seu ocorrer, possibilitando à mente chegar a compor uma etnografia das suas vivências.

Somente quando são submetidas ao olhar reflexivo é que as vivências da mente se tornam verdadeiras vivências, permitindo que se tenha uma experiência vivida do próprio mundo vital (Husserl, 1913a, § 77, p. 184). A reflexão constitui, portanto, o ato cognitivo fundamental do processo de autoinvestigação. A famosa fórmula de Descartes "*Cogito cogitationes*" ou "*Cogito me cogitare, ergo sum*" não faz outra coisa que indicar a essência do ato reflexivo, no qual o pensar pensa o seu acontecer[8].

---

[8] Na primariedade que a fenomenologia husserliana atribui à reflexão, encontra-se um eco da concepção estoica da mente como a

A reflexão é um dirigir-se do olhar espiritual (Husserl, 1913a, §35, p. 82) que indica um livre posicionar-se do sujeito com relação a si mesmo. Ativar a reflexão significa levar o olhar até as vivências da mente e mantê-lo estavelmente concentrado sobre elas para ver "o que há aí de imanente" (Husserl, 1913a, §33, p. 76).

Do ponto de vista fenomenológico, dois níveis de reflexão podem ser ativados: o primeiro é o que tem por objeto os *produtos* da mente (os pensamentos, as recordações, as experiências emocionais) e os *processos* cognitivos dos quais eles se geram (recordar, analisar, deliberar etc.); o segundo tem por objeto o próprio ato de reflexão, com o objetivo de compreender a qualidade dos atos reflexivos, ou seja, de que modo eles elaboram consciência da vida da mente. Com efeito, também as reflexões são atos cognitivos e, enquanto tais, podem tornar-se objeto de uma reflexão "de grau superior" (Husserl, 1913a, §77, p. 187). Em ambos os casos, o objeto da investigação é da mesma matéria do ato que o investiga, pois a reflexão é um pensar que pensa pensamentos; mas, no segundo caso, a reflexão se torna

---

faculdade que pensa si mesma (Epiteto, *Diatribes*, I, 20, 5). É na capacidade de refletir sobre os próprios pensamentos, sobre as próprias representações, que Epiteto identifica a força da razão, pois é da capacidade de examinar os produtos da atividade cognitiva que depende a possibilidade de libertar-se dos condicionamentos exercidos pelos pensamentos não meditados sobre a mente e de dar ao próprio agir a justa direção.

"consciência de si mesma" (Stein, 1991, p. 151). Pode-se dizer que, com o primeiro nível de reflexão, a mente realiza o conhecimento da sua substância noética, ao passo que, com o segundo, realiza o conhecimento da sua identidade epistemológica.

Uma vez que a reflexão é considerada ato epistêmico fundamental da fenomenologia (Husserl, 1913a, §77, p. 184) e que por ela foi detalhadamente conceitualizada em seus modos de atuação, o método fenomenológico é, aqui, assumido como referência essencial para delinear os modos de autoinvestigação. Mesmo que esse método tenha sido concebido com o escopo de um estudo científico da vida da mente, na perspectiva de chegar a um conhecimento rigoroso, e que ele se configure, em certos aspectos, com uma certa complexidade, ele, porém, nos seus aspectos essenciais, pode ser praticado sem maiores esforços por quem quer que pretenda perseguir um conhecimento de si adequado que se constitua como prática de autoformação, enquanto permite desenvolver posturas da mente precisas[9].

---

[9] Desenvolverei aqui apenas alguns aspectos da fenomenologia, aqueles que se mostram úteis a configurar o *método do conhecimento de si*, sem, porém, assumir toda essa filosofia, pois certas posições teóricas e gnosiológicas (por exemplo, o seu realismo) – mesmo liberadas de certos problemas de interpretação, descontruídos magistralmente por Roberta De Monticelli, como o sentido próprio do conceito de "consciência pura", que, de fato, não quer dizer consciência desencarnada (1998, p. 68) – acabam por ser dificilmente

A vida da mente se qualifica em termos de um fluxo contínuo de vivências que estruturam a estratificação noética do ser-aí. O fato de viver vivências da mente não significa tê-las sob o olhar; elas podem acontecer sem que o sujeito seja consciente delas. Mas toda vivência inconsciente pode tornar-se objeto de atenção, caso um ato reflexivo se dirige sobre ela. Toda vez que a mente decide parar e pensar, a vida interior que tende a fluir alheia ao olhar do sujeito torna-se objeto do ato reflexivo que se dirige sobre ela e, assim, ela pode ser conhecida, compreendida. Com relação à opacidade com a qual, na atitude natural, o sujeito se permite viver, o ato reflexivo abre os olhos da mente, possibilitando o autoesclarecimento que caracteriza o vir a ser um sujeito "desperto".

A sequência dos atos cognitivos que estruturam o método fenomenológico de autoinvestigação traça um *caminho para o conhecimento de si*: trazer as próprias vivências diante dos olhos da mente, analisá-las de modo a esclarecer a sua qualidade essencial, fixar essa qualidade em expressões linguísticas fieis à essência daquilo que o ato reflexivo colhe, seguindo como princípio heurístico fundamental o permitir que o ato reflexivo se

---

aceitáveis à luz das reflexões filosóficas e epistemológicas mais recentes e que decorrem do afirmar-se de uma visão construcionista e linguisticamente situada dos processos cognitivos.

deixe guiar apenas daquilo que se impõe com evidência (Husserl, 1913a, §65, p. 160).

Não é fácil praticar a reflexão, pois ela exige parar, interromper o modo ordinário de estar no mundo, modo segundo o qual o sujeito mantém o olhar sobre as coisas, para concentrar a atenção sobre o objeto imanente constituído pelo próprio pensar e pelo próprio sentir. A reflexão, de fato, nasce de uma mudança da posição com relação ao mundo. Contudo, é essa decisão da mente, difícil de ser tomada – porque parece ir na contramão do livre fluir do ser –, que permite ao sujeito alcançar um olhar consciente, no qual se tem percepção do próprio consistir. A vida é como o fluir de um rio que corre o risco de perder-se em mil riachos caso não encontre o seu percurso; a prática disciplinada da reflexão é a que permite colocar em ordem o próprio vir a ser.

A decisão de refletir, de parar e pensar, não só não é fácil de ser tomada, como também não é fácil de ser mantida em virtude dos efeitos que produz, já que a reflexão provoca sempre uma modificação tal que "a liberdade do processo cognitivo é afetada", enquanto se sente uma obrigação a partir do ato reflexivo (Husserl, 1913a, §77, p. 186). Em certos casos, essa modificação da qualidade da vivência pode ser percebida de maneira problemática, pois, como acontece no caso da alegria, o sentir positivo parece perder a sua vitalidade; em outros casos, porém, o olhar analítico, no momento em que faz da vivência objeto do ato reflexivo, estabelece uma forma de distância entre si e o próprio sentir, o que pode produzir uma distensão dos tecidos da mente. Em todos os casos, ao persistir na prática da reflexão, sem se deixar capturar pelas primeiras impressões, percebem-se os benefícios do esclarecimento que o refletir produz.

Ao olhar do ato reflexivo é oferecido um fluxo de vivências, e cada vivência que o olhar analítico consegue colher tem uma sua própria essência (Husserl, 1913a, §34, p. 80); a análise reflexiva deve chegar a identificar a qualidade essencial dessa vivência para poder delinear um conhecimento adequado da vida da mente. Para colher a qualidade essencial de uma vivência, é necessário aplicar a técnica cognitiva da descrição. Esta deve ser delicadamente detalhada, para poder colher o máximo possível de indícios da fenomenicidade mental, e também, sobretudo, deve assumir como princípio metódico o manter-se o mais fiel possível ao fenômeno interior, nos modos de datidade em que ele se oferece aos olhos da mente. Descrever fielmente, ou seja, ater-se àquilo que se dá à visão e aos modos que essa datidade sugere, indica o princípio epistêmico primeiro ao qual se conformar.

Esse princípio fenomenológico é o que mais se adapta ao material fluido, quase imperceptível, da vida da mente. A fenomenologia ensina a buscar o conhecimento das coisas de modo a ter acesso ao seu manifestar-se assim como ele se revela. Nenhuma tendência experimental, nenhuma demonstração argumentativa: trata-se de descrever a coisa no seu aparecer para colhê-la na sua datidade originária. "Dado", em francês, é *donné*: o dado é algo que se doa. Colher o mostrar-se da coisa assim como ela se oferece ao olhar: mais que um "buscar" o conhecimento da coisa, é um "deixar" que a coisa venha à nossa presença; é tomar a iniciativa de perder a iniciativa (Marion, 2005, p. 15).

Aqui, porém, está a dificuldade, pois o eu que observa a coisa é sempre um eu cheio: cheio de experiências, de conhecimentos, de opiniões, de crenças, de obsessões, de hipóteses metafísicas, de convicções epistêmicas, de expectativas, de sentimentos e de paixões. Esse estar cheio torna árduo, se não impossível, um olhar limpidamente receptivo, já que o descrever, do qual se espera uma adesão fiel ao perfil da fenomenicidade interior, ao ponto de se tornar um movimento cognitivo transparente, no qual a essência do objeto vem à luz sem contaminações, é um descrever, porém, filtrado pelo cheio de si.

Permanecendo à escuta da epistemologia fenomenológica, é possível, então, chegar a um conhecimento de si adequadamente rigoroso, contanto que o processo de autoinvestigação empregue duas estratégias: a) a de interpretar a descrição como uma técnica de análise, que se modula ao objeto segundo as direções prescritas por ele mesmo, uma vez que o método de investigação não é algo que pode ser decidido a partir do exterior de um território, mas deve-se adequar às qualidades com as quais um fenômeno se apresenta (Husserl, 1913a, §76, p. 183); e b) a de trabalhar sobre si mesmo para silenciar o demasiado cheio do eu, de modo que a ação descritiva seja conduzida por uma mente o mais leve possível. Essa segunda estratégia pressupõe a aplicação da *epokhé*, do ato cognitivo em que o sujeito coloca entre parênteses o cheio da mente.

A *epokhé* consiste em "tirar de campo", "colocar de lado", "pôr entre parênteses" os conteúdos da mente e os modos do conhecer que impedem o olhar interno de adquirir evidências originais da fenomenicidade que indaga (Husserl, 1913a, p. 69). O trabalho da *epokhé* visa a disfarçar o poder performativo das construções mentais que mantêm a mente num mundo antecipado, no qual é impossível colher o objeto da análise – no caso, as vivências da mente – no seu "puramente dado", isto é, "exatamente como é em si mesmo" (Husserl, 1913a, §67, p. 163).

A vida da mente se nutre de teorias, de modelos, de esquemas que, ao passarem a formar parte da nossa cesta de ferramentas cognitivas, são frequentemente aplicados automaticamente, obrigando o objeto da nossa atenção a adequar-se ao instrumento da investigação. Assim, chega-se a uma visão destorcida ou limitada dos fenômenos ou, quando o objeto não se adapta ao esquema, ele não é sequer reconhecido (Scheler, 1955, p. 125); e, por conseguinte, o processo do conhecimento perde pelo caminho muitas das qualidades essenciais próprias do objeto. É fácil compreender como o risco de não acessibilidade à datidade originária dos fenômenos se refere, sobretudo, ao objeto impalpável do conhecer que é constituído pelo material da vida da mente. Este, pela sua imaterialidade, carece da consistência sólida que, própria das coisas e dos fatos do mundo exterior, facilita o impor-se de um fenômeno à evidência da consciência segundo os seus modos de datidade originários. Realizar a *epokhé* para desapossar-se do demasiado cheio que impede aderir ao fenômeno na sua qualidade essencial é a condição que deve possibilitar o gerar-se de um olhar autoral sobre a vida da mente.

Entretanto, para a busca de uma compreensão autêntica das vivências da mente, é preciso pôr entre parênteses não só os conteúdos intelectuais, mas também os desejos, as expectativas, certas tendências desequilibradas da alma na direção de algumas coisas: todos os atos volitivos que, agindo, podem com facilidade contaminar o processo de esclarecimento. Quando Epiteto afirma que é possível adquirir um conhecimento válido das coisas "nas situações em que não somos movidos por interesses pessoais" (*Manual*, 26), ele pretende dirigir a atenção sobre a necessidade de trabalhar sobre si para buscar um justo equilíbrio interior quando não estamos implicados em ações ou envolvidos e agitados por paixões. O princípio ético do "purificar" a vida interior para poder chegar à tranquilidade da alma, do qual fala Plutarco (*Moralia*, 67a), torna-se um princípio epistemológico: desativar todos os dispositivos que comprometem um acesso o mais imediato possível à coisa.

Não basta procurar uma condição de pobreza de conhecimentos, mas é necessário também buscar uma leveza das tendências volitivas, enfraquecendo certas paixões e certos desejos habituais do pensamento, para promover uma forma de desapossamento do próprio ser. Trata-se de exercitar-se na prática de espiritualidade que consiste em cultivar "a pobreza de espírito e a pureza do coração" (Zambrano, 1990, p. 13). A pobreza de espírito, mais que uma condição da mente, é uma disposição a trabalhar sobre si mesmo para despojar-se da tendência a apoiar-se a certezas presumidas que tornam rígido o caminho da busca da verdade; a pureza de coração é a procura por leveza e por simplicidade, pois as verdades verdadeiras são simples e se tornam acessíveis à mente, que sabe desinvestir certas tendências aquisitivas; somente um estado de distensão da mente predispõe à acolhida da realidade na sua datidade originária. Um coração puro, que sabe sustentar a procura pelo conhecimento, é o que se deixa mover pela paixão pela verdade.

Sem aderir à tese fenomenológica que prevê a possibilidade de chegar a "uma descrição pura" dos fenômenos que a mente indaga (Husserl, 1913a, §76, p. 183), e mesmo considerando a dificuldade real de atuar a *epokhé*, revela-se como uma evidência experiencial o fato de que a técnica da descrição e os esforços mirados a produzir um desapossamento do eu constituem duas práticas espirituais através de cujo exercício o sujeito pode tornar-se capaz de uma atenção *receptivamente concentrada* sobre si mesmo.

O olhar que reflete, no qual se atualiza o concentrar-se da mente sobre as suas vivências, pode ser aplicado sobre um conteúdo mental já passado, colocando em ato uma forma de intuição recordativa, que traz de volta diante da atenção reflexiva algo vivido precedentemente. O ato reflexivo exprime, porém, o máximo da sua potencialidade cognoscitiva ao se ocupar de uma vivência atualmente presente, isto é, quando a atenção se concentra na vivência da mente enquanto ela está acontecendo. A reflexão concentrada no fluir de uma experiência presente deveria gerar uma intuição viva, capaz de colher o núcleo essencial de uma vivência. Trata-se de aprender a deixar-se cair na lacuna do presente.

Todavia, o *pensar-se pensar*, por mais que procure atuar uma concentração exata sobre o presente, ao ponto de fazer coincidir o movimento do ato reflexivo com o fluir das vivências indagadas sem qualquer passagem temporal, implica sempre num recordar, no sentido de que "a auto-observação só pode considerar as vivências na recordação imediata" (Scheler, 1955, p. 148), ainda que, no caso de um pensar concentrado na atualidade presente, trate-se de uma distância temporal próxima, pois a coincidência perfeita do tempo do pensar com o tempo no qual o pensado flui é impossível. Contudo, o esforço de manter-se concentrado no presente produz um conhecimento mais vivo, capaz tanto de enxergar mais profundamente o fenômeno, quanto de colhê-lo nas nuances que, na recordação, são quase ou completamente imperceptíveis. A ação do pensar no momento do vir a ser da experiência abre potencialidades transformativas reais do ser-aí.

O método da disciplina reflexiva

A tomada de consciência da qualidade da vida da mente é retina na lembrança mesmo após o término da ocorrência da vivência mental, o que permite à consciência retornos reflexivos ulteriores que podem não só incrementar, mas também qualificar, segundo outra modalidade, o processo de autocompreensão. Pensar reflexivamente é acender "uma luz interior que ilumina o fluxo do viver" (Stein, 1991, p. 152). Esse empenho de autoesclarecimento é que nos faz estar intensivamente presentes no tempo. É ativando o olhar reflexivo que a consciência toma forma, e a consciência viva é a que ilumina o viver no seu fluir.

Edith Stein, interpretando o processo de autoanálise em termos fenomenológicos, fala de "conhecimento da essência" para indicar que o processo de análise da vida da mente deve mirar a colher a sua qualidade essencial. Do ponto de vista fenomenológico, isso significa: a) descrever as vivências da mente, e essa ação descritiva pode ser entendida como um ter acesso à luz interior na medida que se interpreta o descrever segundo o princípio husserliano de fidelidade, que requer ater-se à evidência daquilo que aparece; b) familiarizar-se com as próprias descrições, ou seja, parar reflexivamente diante dos dados emergidos, pois apenas uma concentração prolongada do olhar reflexivo permite tomar consciência da qualidade das vivências mentais; c) para que o conhecimento não se converta numa visão pulverizada da vida da mente, ou seja, numa representação à própria consciência reflexiva de uma multiplicidade de produtos cognitivos considerados separadamente, é necessário ir em busca daquelas que a fenomenologia define como as invariáveis estruturais de um fenômeno, isto é, aquelas que indicam quais são as qualidades essenciais do fenômeno – nesse caso, do fenômeno noético.

Esse percurso de autoinvestigação fenomenológica permite a experiência de si mesmo, uma experiência que emerge do pensar-se e do sentir-se pensar e sentir. Através desses passos reflexivos, realiza-se a "fenomenologia da vida interior" que pode tornar acessível um certo "conhecimento espiritual" (De Monticelli, 2000, p. XXIII).

Entretanto, o exame do procedimento dos atos reflexivos aqui delineado não deve criar ilusões a respeito da possibilidade de um conhecimento científico da vida da mente, algo impraticável em virtude da natureza das vivências cognitivas que, para serem indagadas profundamente, deveriam ter a qualidade de um objeto que permanece de modo durável sob o olhar reflexivo. Essas vivências, porém, não são "algo que perdura", mas, mal acabam de acontecer, pouco a pouco "desvanecem" (Stein, 1991, p. 152-153). Por conseguinte, o conhecimento de si se torna um objeto árduo de se conseguir. Segundo Stein, para remediar esse problema, ao menos parcialmente, seria preciso realizar uma retenção que conservasse inalterada a vivência. Penso, porém, que não se trata apenas de buscar uma memória das vivências da mente, mas também de cultivar o pensar enquanto o pensar acontece, ou seja, de ativar a atenção à vida da mente no "enquanto" do seu acontecer, a atenção denominada "plena presença mental" ou "autopresença"[10].

---

[10] Ser capazes de autopresença significa manter o pensamento presente na experiência durante o seu acontecer. Para chegar a essa condição, é preciso desenvolver técnicas metacognitivas que visam individuar os momentos em que a mente tende a deixar-se capturar por suas abstrações e por suas divagações e trazê-la de volta à plenitude da sua contingência imanente. Não é de se desconsiderar que, com base numa perspectiva interdisciplinar que conjugue reflexão filosófica e neurociências, as técnicas de autopresença são consideradas vias de acesso à vida da consciência, que podem fornecer informações úteis às ciências da cognição, restituindo, portanto, às técnicas de espiritualidade um valor cognoscitivo que um certo cientismo

Se a atitude natural é aquela de estar com o pensar capturado pelas coisas e pelos eventos, a técnica da autopresença visa desenvolver a disposição a manter-se presente no fluir da vida da mente no ato do seu acontecer.

Uma mente intensivamente atenta ao próprio vir a ser, ao fluir dos próprios pensamentos e do próprio sentir é uma mente capaz de uma atenção *aberta* e *contínua* sobre si mesma. Aberta é a atenção não pré-orientada a buscar algo preciso; implica, portanto, numa postura receptiva do olhar, que permite ao fenômeno constituído pela experiência interior mostrar-se aos olhos internos na sua qualidade essencial. Atuar uma atenção aberta, não antecipadamente orientada, significa manter a mente o mais livre possível das garras de certos instrumentos conceituais e de procedimentos ordinariamente em uso que terminam por constranger a reflexão dentro das grades pré-dadas que impossibilitam o almejado conhecimento autêntico de si. Para tornar-se capaz de atenção, a mente é chamada a desvincular-se de tudo aquilo que opacifica o olhar, a livrar-se de toda pré-compreensão, sem medo da percepção de um vazio de saber. Ao dedicarmos intensamente atenção à matéria frágil que é o flui da vida da alma, se "nós projetamos sobre ele os nossos conhecimentos, os nossos juízos, as nossas imagens, forma-se uma espécie de manta espessa que não permite à realidade de manifestar-se"

---

tinha transcurado (Varela, Thompson, & Rosch, 1991, p. 46 e 48).

(Zambrano, 2007, p. 52). A atenção aberta é a que sabe nutrir-se de uma disciplina severa, que visa silenciar saberes entulhados capazes de distanciar das coisas no seu real aparecer, bem como desativar a tendência a refugiar-se na imaginação, de modo a deixar o olhar o mais receptível e o mais transparente possível, como se fosse capaz de uma luz auroral que não pesa sobre as coisas e quase atravessa as vivências, tornando-as luminosas.

A atenção é contínua quando o sujeito trabalha para manter pelo maior tempo possível o olhar concentrado sobre o objeto a ser compreendido. Algo difícil, pois a atenção tende a ser intermitente, tanto devido às perturbações do ambiente, como pela intervenção de distúrbios internos ao fluxo cognitivo, já que, enquanto o sujeito está empenhado no processo de autoinvestigação, nada impede que imaginações, desejos, obsessões epistêmicas etc. se infiltrem no ato cognitivo do observar, distraindo o sujeito da tarefa na qual está imerso. A busca por um conhecimento adequado exige girar em torno do fenômeno com uma presença continuada do olhar; o ideal seria uma "insônia da atenção, simbolizada nos olhos da coruja de Atena" (Zambrano, 1989, p. 50). A realidade fluente, em contínua mudança, do fluxo da consciência requer uma atenção ilimitada, um olhar fito que não conhece concessões à divagação; quanto mais a atenção é contínua, mais a reflexão pode chegar a um conhecimento adequado da vida interior. Se a atenção é a disposição a colher a vida no seu acontecer, então, o ganho essencial que vem do conhecimento de si é proporcional à quantidade de atenção que a pessoa é capaz de reservar à sua experiência.

Pode-se dizer que a intensidade do viver é diretamente proporcional à intensidade de luz com a qual a mente procura iluminar a vivência. Pensar si mesmo é acender uma luz interior. Nem sempre é possível parar para refletir e, portanto, nem sempre vivemos na claridade; existem momentos de pouca luz, nos quais ficamos presos no viver sem encontrar tempo para parar e refletir. Não podemos fugir desses momentos de sombra, mas essencial é manter-se em busca de momentos de claridade. A atenção do cuidado é a aquela que convida à luz, que faz acordar e levantar, que retira das sombras e mantém na claridade; especificamente, o cuidado de si chama a consciência para a luz do pensamento que nos faz estar conscientes e presentes no próprio vir a ser segundo um destino. A disciplina da reflexão responde à necessidade premente de procurar um sentido para aquilo que está diante dela e essa busca é que abre o espaço da liberdade, já que "a busca racional pelo sentido é um ato livre" (Stein, 1997, p. 108).

Desfazer a escuridão interior

Por mais eficaz que o método fenomenológico se mostre, é preciso abster-se da tentação fácil de construir expectativas excessivas, pois, mesmo aplicando-o da maneira mais rigorosa possível, é pouco o que chega de um fenômeno à evidência da atenção reflexiva; aquilo que é dado ao olhar permanece, ocasionalmente, circundado por um halo destinado a permanecer opaco. Nenhuma vivência da mente pode entrar inteiramente "no círculo luminoso da perfeita datidade" (Husserl, 1913a, §69, p. 167), não só porque o olhar reflexivo não é um raio de luz pura, mas um olhar já imediatamente opacificado pela poeira de pensamentos e pelo ruído de emoções que, inevitavelmente, o incrustam; como também porque todo fenômeno é uma fonte infinita de informações. Se, para colher a essência de um fenômeno, é necessário ater-se às evidências (princípio de evidência), ou seja, aos seus modos originais de datidade que emergem diante do olhar reflexivo, é necessário, porém, levar em conta também o fato de que nem tudo aquilo que é essencial aparece e, por mais intenso e ordenado que seja o esforço de ir além das evidências para penetrar o halo de opacidade que todo dado carrega consigo (princípio de transcendência), sempre fica algo sem ser visto. Nenhuma técnica cognitiva, nem mesmo o descrever fielmente guiado pelo exercício da *epokhé*, permite uma visão inteira e pura da vida da mente. Afinal, a razão humana, enquanto essência de um ser finito, não poderia suportar demasiada realidade. Talvez, para essa razão, a trama escondida das coisas é destinada a permanecer mais forte do que a que se manifesta (Heráclito, frag. 123).

A consciência de si é inevitavelmente destinada a ser parcial, também porque a experiência interior se dá num acontecer ininterrupto. De fato, quando a atenção é dirigida à vida da mente, colhe-se imediatamente que o fluir das vivências não conhece momentos de silêncio, não conhece quietude. Quando a experiência do viver pesa sobre a alma e é difícil encontrar a energia vital necessária para continuar a busca por sentido, pode ocorrer a experiência de uma fadiga em sustentar o fluxo contínuo dos pensamentos e das emoções. O que se desejaria é saborear, nem que fosse por um instante, aquela quietude que vem do silêncio do pensar e do sentir, porém, justamente ali, o que se oferece vividamente à consciência é a qualidade essencial da vida da mente: o seu acontecer sem interrupção. É a fadiga de ser-aí, de encontrar-se embarcados sem ancoragem no momento do vir a ser, sem pausas do pensar e do sentir, sem férias da alma. Nem mesmo a reflexão é capaz de interromper esse fluir, pois, depois de um ato reflexivo, se a experiência mental que acaba de concluir é repensada, pode-se reviver a ação reflexiva, o seu concentrar-se sobre um pensamento ou sobre uma emoção, mas percebe-se que esse concentrar-se não interrompeu o fluxo mental, que continua escorrendo por baixo dos atos reflexivos. O que se modifica na reflexão é a postura do sujeito e a própria qualidade das vivências.

Cumprir o imperativo socrático do "conhecer si mesmo" é impossível, devido também a que o ser humano está em contínuo vir a ser e sujeito a transformações imprevisíveis consequentes a experiências significativas para o seu ser. Por isso, o processo de autoinvestigação se delineia como uma tarefa jamais concluída, destinada a acompanhar a existência inteira. A autoinvestigação é um trabalho que não termina, já que, enquanto se está ocupado em investigar si mesmo para trazer à luz alguns aspectos do próprio perfil, outras partes de si se modificam sob as pressões da experiência de estar em relação com os outros e com as coisas, outras se constituem e outras se desestruturam. A essência de uma pessoa, a profundidade do seu próprio ser, enfim, jamais é totalmente atual e viva e todos os seus atos; enquanto olho pra mim, somente uma parte de mim pode ser colhida. A pessoa vive, atualiza-se em tantos atos interiores diferentes e a compreensão de todos eles, condição para um completo conhecimento de si, mostra-se impossível, porque pressupõe que a cada ato do eu corresponda a um ato reflexivo e, todavia, a vida da mente flui continuamente e, somente em alguns momentos, é possível parar e refletir, de forma que apenas determinados fragmentos dos múltiplos modos da nossa atuação existentiva podem ser conhecidos.

Seguindo a ontologia steiniana, que estabelece uma diferença entre a vida da consciência e a profundidade do ser pessoal próprio, é possível evidenciar toda a problematicidade do trabalho de autoinvestigação que, por trás do acontecer pontual da vida interior, deve saber encontrar os traços da profundidade do ser. É possível conhecer de si alguns estratos, mas não o profundo; pode-se iluminar alguns lados, porém o resto permanece opaco. Por isso, o olhar para conhecer si mesmo pode assumir traços de "uma loucura" (Zambrano, 1989, p. 72), se não é equilibrado continuamente pela consciência dos seus limites e pela busca contínua da justa de medida de cada ação e de cada desejo.

Além disso, não é possível esperar que a ação do conhecer si mesmo rapidamente fará resplandecer uma luz sobre si mesmo. Acontece, de fato, no início do processo de autoinvestigação, a experiência do efeito contrário: encontrar-se opacos, impermeáveis ao esclarecer que é próprio do conhecer. Ao chegar à colher a qualidade de um fragmento de vivência, fica evidente que esse foi retirado de um fundo, que tende a permanecer envolvido por uma névoa. Reconhecer que o fluxo das vivências não é definitivamente iluminável não implica em diminuir o valor da prática de autoinvestigação, mas solicita o cultivo de uma visão bem ponderada e crítica a respeito dela. Amadurecer uma visão crítica das potencialidades epistêmicas da reflexão nos conduz ao reconhecimento dos limites do nosso pensar e, com esse, do nosso ser, uma vez que a essência deste é constituída pela vida da mente. Assim, se o pensar a experiência de existir tem como efeito a perda da quietude na qual se parecia estar antes de colocar-se como um problema diante de si mesmo, ao ponto de Zambrano (1989, p. 63) chegar até a falar de "castigo da falta de paz", o refletir gnosiologicamente ciente da sua qualidade heurística alimenta na consciência a inquietude consequente ao saber de todos os limites do pensar ao qual estamos entregues. Perseverar na ação de autoinvestigação exige, portanto, a decisão de suportar os limites do pensar e, assim, a fragilidade e a precariedade dos seus produtos.

Conhecer si mesmo mostra-se uma tarefa árdua não apenas em virtude dos limites das capacidades reflexivas, mas, acima de tudo, porque a vida da mente tem uma transcendência própria insuperável. Se é verdade que essa se revela nas suas vivências, é também verdade que ela jamais se revela inteiramente: permanece sempre colocada além da possibilidade do seu próprio olhar, escura e intangível (Stein, 1991, p. 227). Ao ativar o olhar reflexivo sobre a vida interior, percebe-se uma profundidade e uma ulterioridade que nos comunicam a existência de algo mais, sem que tenhamos palavras para denominar esse algo, sem que possamos dar forma ao pensamento necessário para colhê-lo.

Pensar-se pensar

A formação da rede de pensamentos, que é o plano de fundo das nossas escolhas existenciais, é parte essencial da vida da mente e, por isso, no processo de autocompreensão, é essencial *pensar os pensamentos*. Essa prática autorreflexiva rende atual a qualidade essencial da mente de ser faculdade "destinada a pensar si mesma" e, portanto, a ponderar o valor e a justeza de cada pensamento (Epiteto, *Diatribes*, I, 1, 4-7). Se a direção justa a ser tomada consiste em melhorar a qualidade do nosso ser-aí, e se a essência do ser-aí está no pensar, então, pode-se dizer com Epiteto:

> Assim como a matéria do carpinteiro é a madeira e a do sapateiro é o couro, a matéria sobre a qual devo trabalhar é o pensamento: a minha tarefa é usar corretamente as representações (*Diatribes*, III, 22, 20).

Contudo, deve-se levar em consideração que, entre os produtos e os processos do pensar, nem tudo tem a mesma importância: existem *pensamentos fundamentais*, os que exercem um papel importante nas decisões existenciais, e *pensamentos superficiais*, que têm um impacto não significativo sobre as vivências. A prática da autoinvestigação deve visar identificar e, posteriormente, examinar o tecido de ideias que, na nossa vida, desempenham um papel importante, aquilo que mais intensamente nos preocupa e nos absorve, e procurar ir à raiz de tudo isso para compreender de onde se originam a qualidade do nosso ser, as orientações fundamentais e as escolhas decisivas.

Não menos importante é compreender onde estão as raízes de certas atitudes; se dependem de avaliações meditadas ou são consequências de eventos incorridos e inadequadamente elaborados no plano racional. Alguns eventos deixam marcas inapagáveis na matéria da mente, assumindo um significado decisivo para a pessoa, ao ponto de modificar a atitude fundamental que está na base de todas as ações que ela coloca em ato (von Hildebrand, 1992, p. 82); com a expressão *atitude fundamental*, entende-se o modo de ser que exprime a orientação de valor que dá forma à essência íntima da pessoa. Repensar os eventos decisivos é necessário para conhecer-se e, logo, para modificar-se, de maneira que a atitude fundamental seja o êxito de uma escolha meditada atentamente à luz das coisas que se mostram de maior valor para a existência.

Devido à importância que os *atos livres* da mente têm para a qualidade do nosso ser, constitui uma tarefa primária dedicar atenção a eles. Atos livres são aqueles que não só são objetos de uma experiência consciente, mas também são desencadeados e desejados pelo próprio sujeito a partir de um motivo e de um fundamento.

> Eles não podem despertar silenciosamente no meu profundo e apoderar-se gradualmente de mim; pelo contrário, sou eu que os devo produzir de dentro de mim, como se provocasse interiormente um golpe (Stein, 1922b, p. 181).

Nos atos livres, o sujeito não apenas vive, mas também exercita uma forma, ainda que limitada, de soberania sobre o seu modo de ser-aí. Tomar posição, reconhecer, afirmar e negar: esses são atos livres indicadores de um agir direcionado por si mesmo, nos quais nada me obriga a cumpri-los. No ato livre, o sujeito é quem toma a decisão de começar algo: para que esse algo aconteça, é necessário o seu "*fiat*" (seja feito) (Stein, 1922b, p. 184), a tomada de posição interna a partir da qual o fazer começa.

Posso tomar uma posição não apenas diante de um conteúdo, seja esse uma teoria ou uma visão, mas posso também tomar uma posição diante das tomadas de posição, manifestando, assim, a capacidade crítica da atividade mental. Um ato de liberdade é também o de decidir interromper o próprio assentimento a uma crença considerada infundada e enganadora; essa ação de desconstrução é possível quando são identificados novos dados que privam aquela crença de qualquer força. Outro importante ato livre consiste em colocar uma ideia em discussão, com o intuito de não deixar que ela aja em mim com a sua força performativa sem um assentimento meditado. É importante identificar quais são os atos livres que caracterizam o nosso agir e com que frequência eles se manifestam, e também, por outro lado, quais são os atos que se mostram índices de um abandono da responsabilidade do próprio pensar e de submissão a uma espontaneidade desconhecida, além de compreender em relação a quais situações existenciais eles tendem a manifestar-se. Essa *etnografia interior* é capaz de resgatar um conhecimento, ainda que pálido e provisório, da direção da própria atuação existentiva, enquanto permite compreender em que medida o sujeito é o centro dos seus atos ou reduz o seu ser-aí a um modo de irrefletida resposta aos estímulos externos.

Para que um ato seja livre, ele deve ser motivado e fundado: é motivado quando é movido não por algo externo, mas por uma intenção amadurecida; é fundado quando se apoia em evidências teóricas ou empíricas, isto é, em dados adquiridos por meio de uma atenta avaliação da experiência. Uma vez que o grau de fundamentação de um ato livre pode variar, e certos atos não têm fundamento suficiente, é importante aprender a ponderar os argumentos nos quais se baseia um ato. Nem sempre é possível agir com base em instrumentos cognitivos adequadamente meditados, ou seja, com base em evidências teóricas e/ou empíricas; assim, é necessário avaliar, mediante a reflexão, o grau de fundamentação dos atos livres, para poder chegar a uma ideia o mais adequada possível da qualidade do próprio ser-aí. Se o eu pode ser pensado como o ponto de irradiação dos atos vitais (Stein, 1922a, p. 90), então, o conhecimento de si é inseparável do conhecimento da qualidade dos atos livres, nos quais a pessoa exprime a qualidade do seu ser-aí: cognitiva, afetiva, estética, relacional, ética e política.

Um bom nível de conhecimento de si é o que consegue decifrar quais são os atos, quais são os modos de ser (ou seja, de agir no mundo com a palavra e com a ação) que exprimem uma autodeterminação livre do eu e quais, por outro lado, são atos condicionados ou contagiados. É fácil se equivocar nesse tipo de análise se, antes, não se medita profundamente sobre a qualidade essencial de um modo livre de ser no mundo. Numa cultura que valoriza o ativismo, não é raro confundir com uma posição de liberdade o encontrar a si mesmo ativos, isto é, ocupados em muitas ações. Todavia, uma forma de presença ativa pode ser consequência de um automatismo, em que se age para mascarar uma problemática existencial irresoluta, um automatismo que, de fato, esconde uma rigidez interior, um bloqueio do movimento da alma, movimento que é condição essencial para a expressão de atos livres.

Para compreender qual é o grau de movimento livre do próprio ser e, por outro lado, quanto nos deixamos mover por algo fora de nós, é preciso que a prática da autoinvestigação seja orientada a individuar quais são os atos consequentes a decisões profundamente meditadas e em que medida eles têm como referimento um horizonte de significados identificados pela consciência como valor para a vida. Quando as nossas ações são desencadeadas por tomadas de decisões conscientes, o ser-aí se move a partir do seu centro vital, o qual ativa por si mesmo uma força centrífuga capaz de colocar o ser em movimento.

Não menos relevante é identificar as ideias que, em vez de ser instrumentos de um agir livre, condicionam de maneira mais ou menos premente a mente, ao ponto de fazer com que se fique preso a elas. São situações mentais comumente mascaradas pela convicção ilusória de agir por um ideal bom, ou ditadas por um vazio meditativo que leva a mente a refugiar-se em formas de apego dificilmente reconhecíveis, pois tendem, na sua essência, a permanecerem escondidas. Quanto mais essas ideias, essas atribuições de sentido ficam escondidas, mais a sua forma performativa enigmática se torna eficaz sobre o nosso modo de ser. Ninguém pode estar bem quando vive no engano, pois esse viver não é vivido plenamente, enquanto é desviado do plano da realidade. É grave não ser consciente dos autoenganos que aprisionam a experiência, mas ainda mais grave é aceitar conscientemente refugiar-se no irreal. Empenhar-se no conhecimento de si para evitar toda forma de ilusão e, em contrapartida, aceitar ater-se às evidências significa reconduzir-se ao real. Entrar na realidade e saber aceitá-la por aquilo que ela é constitui uma condição para fazer uma experiência viva das coisas.

O conhecer-se, porém, não pode limitar a sua esfera de investigação aos atos interiores do eu, ou seja, àqueles que agem no espaço da mente sem necessariamente tornar-se visíveis. O nosso perfil pessoal é configurado também pelos "atos sociais", que manifestam uma direção a outro sujeito (Stein, 1922b, p. 188): acolher, rejeitar, perdoar, entrar em conflito, pacificar... É possível que esses atos aconteçam na mente sem que as correspondentes tomadas de decisões se manifestem no espaço relacional; nesse caso, permanecem atos do agir interior e não podem ser considerados sociais, já que o outro não os percebe. São autenticamente sociais somente os atos da mente que se revelam no contexto relacional e chegam a tocar o espaço vital do outro, o qual pode sentir a qualidade do nosso agir. Uma vez que somos seres relacionais, no sentido de que o nosso viver é um conviver, uma prática de conhecimento de si que não se ocupa dos atos sociais não apenas é incompleta, mas também apresenta um valor ontogenético relativo justamente por carecer da consideração de algo essencial para o ser humano.

Devido à substância intimamente relacional do nosso ser-aí, a prática do conhecer si mesmo não deve ser interpretada segundo um sentido redutivo e intimista como "atenção aos próprios ruídos e sabores internos" (De Monticelli, 2004, p. 88), pois essa emigração interior corresponde a uma perda do mundo; pelo contrário, o conhecer si mesmo deve ser entendido como um interrogar a si mesmo a respeito do mundo em que habita, sobre as relações vividas e as situações experimentadas. Trata-se, portanto, de uma prática que não só é atuada num plano intersubjetivo na troca com outros, como também se delineia como culturalmente situada.

Ocupar-se dos atos sociais significa ocupar-se do modo em que construímos as relações com os outros. Nas relações com os outros, cada pessoa atribui um significado àquilo que acontece e, de acordo com esse significado, ela modula o seu comportamento. Fazendo assim, enquanto vai estruturando, junto dos outros, o ambiente relacional, ao mesmo tempo, ela plasma o seu ser. Por conseguinte, considerando o valor ontogenético das relações e dos significados produzidos nas relações, o cuidado de si exige pensar em como nos vamos estruturando nas dinâmicas relacionais com os outros: dirigir a atenção sobre o que nos acontece concretamente e fazê-lo objeto de uma descrição o mais detalhada possível, de modo a dispor de dados necessários para compreender qual forma ontológica o nosso ser vai assumindo. Trata-se de atuar uma *fenomenologia da própria morfogênese relacionalmente situada*, para avaliar se as dinâmicas que nos estruturam nas trocas intersubjetivas correspondem às direções de atuação existentiva que gostaríamos de seguir.

Pensar-se criticamente

A mente gera pensamentos, mas a relação que mantém com os pensamentos não é somente de tipo ativo, mas também de tipo passivo, pois pode ocorrer que as ideias formuladas adquiram uma espécie de vida própria e se tornem tão poderosas a ponto de condicionar a vida da mente. Ativar uma reflexão profunda e constante dos conteúdos do pensar, colocando continuamente à prova a sua validade e identificando a sua força e direção performativa, é condição necessária para salvaguardar a própria posição subjetiva. Desenvolver a capacidade de examinar o fluir da vida da mente, no qual os pensamentos ganham forma, é o ensinamento fundamental que provém da Epiteto: partindo do pressuposto segundo o qual as únicas coisas que podemos controlar e dominar são as representações que nós mesmos fazemos das coisas, ele nos convida a ponderar o valor das próprias ideias, pois esse exame crítico representa a condição necessária para não sofrer constrições advindas dos produtos do nosso pensar e, assim, não cair naquilo que queremos evitar (*Diatribes*, I, 11, 38).

Também os pensamentos aparentemente válidos devem ser analisados. Se é verdade, segundo afirma

Stein, que um pensamento recorrente do ser humano é o de aspirar "alegria sem fim, felicidade sem sombras, amor sem limites, intensidade máxima de vida sem diminuição, atividade vigorosíssima que, ao mesmo tempo, seja quietude perfeita e liberação de todas as tensões" (1980, p. 33), então, fica evidente a necessidade de submeter ao juízo crítico tais representações, isto é, visões da vida que muito influenciam as escolhas existenciais. Com efeito, uma visão assim contradiz a qualidade densamente problemática da condição humana, para a qual uma vida plena caracterizada por uma completa atuação existentiva é totalmente estranha. Cultivar visões irrealistas produz desordem no viver e, consequentemente, sofrimentos inúteis.

Aprender a ver com clareza: esse era o objetivo dos Terapeutas de Alexandria; lido atualmente à luz da teoria construtivista, esse imperativo significa identificar com precisão a qualidade dos próprios pensamentos e as relativas implicações performativas.

Quando o tema do conhecimento de si é abordado, não é possível evitar referir-se a Agostinho, que, retomando o ensinamento socrático, assim escreve:

> O ser humano é desconhecido para si mesmo. E, para conhecer-se, necessita do constante exercício de retirar-se do uso dos sentidos, de recolher-se e de voltar a sua mente para si mesmo (*De ordine*, I, 1.2).

Pensar-se significa viver recolhido no profundo: quem, regularmente, sabe recolher-se na profundidade do tecido dos próprios pensamentos tem, talvez, a possibilidade de compreender o que deve buscar e para onde direcionar privilegiadamente as próprias energias, de identificar em quais aspectos de si é extremamente importante trabalhar. Pensar-se recolhido no profundo significa *viver na esfera mais íntima*: conhecer os pensamentos do coração, ou seja, aqueles que desenham o núcleo do nosso ser, que comunicam as nossas tensões existenciais, os nossos desejos mais impelentes e, também, aqueles calados, os nossos sentimentos mais íntimos e as raízes do nosso sofrimento. Conhecer si mesmo é também entender o que consome e corrói a vida da alma, o que nutre e o que desgasta a força ontogenética essencial que nos mantém em busca pela modalidade atuadora do próprio ser e, finalmente, compreender como desativar as forças que trabalham negativamente para, então, poder cultivar "pensamentos saudáveis" (Plutarco, *Moralia*, 10).

É, portanto, essencial aprender a analisar a qualidade das próprias experiências para identificar aquelas que causam sofrimentos e aquelas que permitem experimentar o prazer de ser-aí. Existem experiências que nos consomem, que esgotam energias sem ressarcir de sentido, que corroem estratos de ser; outras, porém, dão vida, dilatam o espaço da existência do sentido do ser-aí, nutrem o nosso espírito. Conhecer si mesmo significa também individuar a qualidade ontogenética das diferentes experiências. Esse tipo de conhecimento é essencial para, por um lado, evitar, na medida do possível, modos de ser que terminem alimentando experiências negativas, e também, por outro lado, para potencializar aquelas que nutrem experiências positivas, as que dão consistência ao nosso ser-aí. Cuidar de si significa manter-se firmemente na tarefa de ocupar-se daquilo que é essencial para viver uma vida boa (Epiteto, *Diatribes* I, 1, 31).

As virtudes do pensar

Não basta afirmar o princípio do cuidado: é necessário compreender em que consiste um bom cuidado. Marco Aurélio afirma que uma condição essencial para o exercício de um cuidado justo é a franqueza (*Meditações*, II, 13), ou seja, ter a coragem de olhar com honestidade para o próprio ser-aí, sem refugiar-se em formas de autoengano.

Porém, a mente, o sujeito do ato reflexivo, é capaz não só de atos cognitivos positivos, aqueles que revelam as qualidades do próprio modo de habitar o mundo, mas é também capaz de atos negativos, que escondem a qualidade da mente de si mesma e constituem impedimentos para uma investigação franca. Sabendo da complexidade da mente e da incapacidade do sujeito de exercer plena soberania sobre os seus atos, Marco Aurélio é levado a dizer: "Observe com atenção as capacidades da mente" (*Meditações*, II, 12).

Na vida da mente, podem dar-se atos cognitivos que, uma vez postos sob o olhar da reflexão, questionam radicalmente o sujeito ao desencadear vivências problemáticas que a mente tende a esquivar. É o caso das distorções interpretativas, colocadas em ato ao avaliarmos o nosso modo de ser, e dos atos de remoção, com os quais afastamos da vista aquilo que nos incomoda.

A remoção consiste em tirar o olhar daqueles atos interiores e daquelas ações sobre o mundo exterior que se mostram não facilmente toleráveis enquanto nos obrigariam a uma avaliação crítica e não satisfatória de alguma parte de nós. Indícios de atos de remoção podem ser certos sentimentos como o medo e a vergonha. Quando as vivências, mesmo sendo percebidas, são removidas, verifica-se uma forma de autoengano que impede o autêntico esclarecimento de si mesmo.

Também é fundamental detectar as distorções interpretativas, com as quais o sujeito atribui ao seu agir motivações e direções de sentido que não correspondem com a realidade, mas respondem a um ideal imaginário do nosso modo de ser-aí. Em certos casos, o desejo de aderir à imagem idealizada que construímos pode agir tão energicamente ao ponto de impedir ver como de verdade nos movemos no mundo. Na autoinvestigação, os modos de ilusão são mais frequentes do que os verificados na análise do mundo externo, pois o mundo imaterial da mente não apresenta aquela solidez das coisas do mundo externo que oferece resistência a certas distorções cognitivas (Scheler, 1955, p. 148). Pode ocorrer a atribuição de uma intencionalidade meditada a uma ação totalmente impulsiva, e vice-versa, com o objetivo de legitimar e valorizar a ação ou de tornar certas nossas tomadas de atitude menos problemáticas para a consciência. Ou ainda, considerando os êxitos de certas ações, pode-se enfocar razões diferentes daquelas das quais elas originariamente brotaram.

Em muitos casos, os autoenganos têm a função de construir um eu socialmente aceitável que, uma vez delineado, estrutura um invólucro difícil de ser desmontado, pois a consciência interpreta o êxito de desvelar o próprio real perfil como uma ameaça. Se o problema é que, para pacificar a alma, tendemos a revestir de significados atos da vontade e do agir que de nobres têm pouca coisa, o que permite receber apreçamento da parte da maioria, então, com relação a tais autoenganos, a mente é chamada a operar uma vigilância metacognitiva orientada pelo princípio ético de nominar as coisas como elas são: buscar a verdade e nela permanecer. Aceitar manter o olhar sobre os modos em que nos revelamos à consciência é a primeira condição irrefragável para trabalhar no próprio si em vista das transformações que podem possibilitar uma forma de domínio sobre os modos do próprio ser-aí, o que Scheler (1955, p. 141) define como "autodomínio ético".

Mas o autoexame livre, aquele processo lento que encontra todo tipo de obstáculos tacitamente colocados pelo próprio sujeito, exige coragem. A coragem é uma virtude. Todo cuidado de si, caso pretenda ser verdadeiramente tal, precisa ganhar a sua forma a partir do exercício da *virtude*: a honestidade consigo mesmo, a perseverança em perseguir um objetivo, a coragem de dizer-se a verdade, a humildade de reconhecer-se por aquilo que se é, a prudência em empreender ações que possam ser sustentadas pela nossa força vital e pelas nossas capacidades, a delicadeza em tratar a matéria espiritual da vida e, sobretudo, aquele caráter da sabedoria que consiste em buscar sempre a justa medida (τὸ μέτρον) (Epiteto, *Manual*, 10), pois, quando falta a medida, não há limite para as ações que perturbam a qualidade da vida. O *cuidar retamente* é uma coisa só com a busca da justa medida para cada ação e para cada prática espiritual, da medida que, para Aristóteles, constitui a essência própria de cada virtude (*Ética a Nicômaco*, II, 6, 1106b 34).

A circularidade recursiva entre cuidado de si e prática da virtude é afirmada já no *Alcibíades*, no qual Sócrates explica que aprender a virtude é extremamente necessário para quem empreende o cuidado de si (Platão, *Primeiro Alcibíades*, 135b). Alcibíades, que respondendo a Sócrates se empenha em aprender a virtude da justiça com a finalidade de governar bem a cidade, é metáfora exemplar da arte do existir, já que cada um é chamado a se exercitar em todas as virtudes que fazem da vida um tempo bom. Exercitar-se no cultivo das virtudes consiste, portanto, numa prática espiritual essencial. Somente cultivando as virtudes é que os pensamentos desordenadores não nos arrebatarão (Epiteto, *Manual*, 10). O cuidado de si não é, portanto, apenas algo do pensar, mas exige modular o próprio ser-aí segundo direções de sentido precisas[11].

Nesse ponto, parece ocorrer um círculo vicioso: dedica-se ao cuidado de si para cultivar as virtudes que permitem estar bem e agir bem; mas, para atuar autenticamente o cuidado de si, é necessário, antes de mais

---

[11] Abrir o discurso para o tema das virtudes exigiria o desenvolvimento de reflexões a respeito da ética que nos levariam longe. Contudo, uma vez que, hoje, como em outros tempos, falar de virtude soa estranho, é necessário precisar o sentido que atribuo à virtude: não se trata de um hábito, não é uma mera aplicação de princípios que respondem à necessidade de socialização, mas um modo do ser-aí meditado à luz da busca por aquilo que torna boa a vida. O agir segundo os modos do ser-aí que são codificáveis como virtudes responde a uma necessidade irrevogável: a de buscar uma boa qualidade da experiência. Permanecendo à escuta daquilo que a alma exige, é possível compreender as virtudes como o modo de responder à necessidade do real (Mortari, 2018). Para um justo cuidado de si, são necessárias tanto as virtudes relacionais (ou virtudes éticas, como as definia Aristóteles) quanto as virtudes intelectuais.

nada, assentir de modo convicto às virtudes e deixar-se guiar por elas. Os processos por meio dos quais a experiência se atualiza não são facilmente distinguíveis e o pensamento parece ficar girando ao redor delas. É assim: onde o sentido do ser-aí está em jogo, as coisas nunca são simples e, enquanto tais, não seguem uma lógica linear, a qual tende a ser praticada. Para compreender os fenômenos, é necessário seguir a lógica do real, uma lógica circular que mantém as coisas unidas, que mantém o pensamento e o agir unidos numa recíproca composição de sentido.

A força frágil do pensar

Cuidar de si é procurar a arte de existir. Essa busca, porém, não é uma operação abstrata, intelectual, mas um agir sobre o ser-aí, uma vez que, na cultura do cuidado de si, a verdade não é algo que se enuncia, mas é algo que se encarna na vida. Assumindo que "a matéria da arte de viver é a vida de cada um" (Epiteto, *Diatribes*, I, 15, 2) e que a essência da vida humana está na vida da mente, então, é necessário intervir sobre os pensamentos, já que a verdade que se encarna nos gestos deve ser, antes de tudo, adquirida com o pensar. O pensamento é uma força, é uma energia dinâmica que decide uma parte consistente da qualidade do nosso ser. Segundo Epiteto, é dos nossos juízos (I, 11, 30), ou seja, dos atos mentais, que depende a qualidade das nossas ações e, com essas, a qualidade do nosso modo de ser.

> Quando, de hoje em diante, fizermos algo de modo incorreto, não consideremos outra causa senão o juízo que nos levou àquela ação. É este que tentaremos arrancar de nós e eliminar (*Diatribes*, I, 11, 35).

Sem aderir totalmente ao racionalismo de um tipo de estoicismo – que faz depender tudo do pensar e ao pensar atribui também a força de intervir sobre o próprio pensamento com ações radicais –, mas também sem renunciar a um olhar que interpreta, a partir de uma perspectiva mais complexa, o nosso modo de agir enquanto somos, em certos casos, dependentes de muito daquilo que não somos, não se pode, todavia, deixar de pensar no peso que o pensar tem e no convite estoico a trazer o princípio da responsabilidade pelo seu modo de ser para dentro do próprio sujeito. A afirmação, segundo a qual o nosso modo de ser depende dos atos avaliativos do pensamento – ao ponto de Epiteto dizer que devemos nos ocupar somente dos nossos juízos (I, 11, 38) –, é algo que deve ser meditado profundamente.

Por um lado, essa visão racionalista da vida evidencia a força da mente e, portanto, a possibilidade para o ser humano de confiar-se aos próprios pensamentos, aos princípios de energia que brotam da atividade cognitiva. Por outro lado, ela revela toda a fragilidade da própria força, pois os pensamentos não são intrinsecamente bons e justos, razão pela qual, antes de confiarmo-nos aos nossos pensamentos, é preciso ponderá-los, avaliá-los. Mas onde encontrar o princípio para avaliar os pensamentos senão no próprio pensamento? E como fazemos para verificar o valor da medida que usamos se não dispomos de um princípio de mensura que seja externo à medida que ele avalia? Encontrar-se novamente entregues aos nossos pensamentos, dependentes, no avaliar, de uma medida pela qual não dispomos de um instrumento mensurador de tipo objetivo, é uma situação que nos coloca diante da fatigante fragilidade do nosso ser. O viver é fatigante, pois somos irremediavelmente chamados a buscar a medida da arte de existir sem dispor dos critérios com base nos quais ponderar o valor das medidas às quais nos confiamos. (*Diatribes*, I, 17, 2-6).

É importante reconhecer que o pensar reflexivo, aquele que responde ao princípio délfico do "conhece-te a ti mesmo", não é fácil de ser praticado, não apenas em virtude do empenho cognitivo que exige e da escolha existencial que pressupõe saber interromper, quando necessário, a adesão ao fazer para moldar para si uma parada no engajamento ordinário, mas também porque o pensar radical, como é o autenticamente reflexivo, não pode deixar de evidenciar à consciência a fragilidade do próprio ser-aí. O fato de que a razão é a faculdade capaz de exprimir também a arte da reflexão e de que o refletir é capaz de dirigir o olhar interno da mente para o próprio ato de reflexão dá a impressão de um certo poder da razão, pois assim parece acessível a ela, ao menos por breves instantes, aquele "pensamento que pensa si mesmo, cujo pensamento é pensamento de pensamento" (ἔστιν ἡ νόησις νοήσεως νόησις), o qual constitui a forma divina do pensar (Aristóteles, *Metafísica*, Λ, 9, 1074b 34). Mas o pensamento que pensa si mesmo é a forma perfeita do pensar que não conhece o suceder-se no tempo dos atos cognitivos: não existe um pensar ao qual se segue o ato reflexivo, mas o pensamento perfeito pensa-se pensar ao mesmo tempo que pensa. Nessa perfeita simultaneidade dos atos do pensar, realiza-se a condição da verdade pura. No espaço da razão humana, confiada ao tempo, o pensar reflexivo é, porém, sempre não contemporâneo ao pensamento sobre o qual reflete; nesse sentido, o pensar é um recordar e, por conseguinte, a reflexão pode colher apenas uma parte da vida da mente.

Quando nos damos conta de que, mesmo podendo exercitar o pensamento que pensa si mesmo, não dispomos de um princípio objetivo com base no qual dar um fundamento robusto aos pensamentos, é inevitável encontrar-se com a percepção dura e incontestável da nossa fragilidade ontológica. Quanto mais se pensa na existência e se busca compreender a qualidade da vida humana, mais nitidamente se mostra a nossa fragilidade e vulnerabilidade e, portanto, tudo o que ainda está por fazer para tornar a vida digna de ser vivida e, ao mesmo tempo, os muitos obstáculos que se interpõem aos nossos projetos e que podem inutilizar os nossos esforços. Essa evidência pode fazer com que a mente fique incerta, vacilante, permeada por uma inquietude que dificulta encontrar a força para continuar o trabalho do pensar. Quando há clara consciência disso, são duas as possíveis reações: ou decidir persistir na análise, por sentir a adesão à busca de sentido como algo inevitável; ou evitar o pensar para escapar da vivência de desnorteamento. Uma vez que a segunda opção é índice da renúncia a ater-se ao real, a direção a ser tomada deveria, então, consistir na primeira decisão: com relação ao próprio encontrar-se "prorrogados de instante em instante" (Stein, 1997, p. 67) sem dispor de certeza alguma relacionada ao estado de ser futuro, a condição essencial para continuar a refletir é a de amadurecer no íntimo a disposição a aceitar a própria fragilidade e vulnerabilidade. É necessária a ação cognitiva e, ao mesmo tempo, emotiva que consiste em saber aceitar a substância da vida humana, o ser chamado a um trabalho infinito e, ao mesmo tempo, frágil de construção de si e do mundo. Saber aceitar a qualidade do ser-aí é o exercício espiritual mais difícil; porém, ao conseguir isso, pelos instantes em que se consegue, a inquietude que consome a força vital desaparece e uma serenidade estática se difunde pela mente.

O trabalho do pensar que busca a verdade do existir, por meio do qual o ser humano responde ao chamado ético para dar forma ao próprio tempo, precisa de uma forma particular de razão: uma razão vital, vivente, que inventa, cria, pensa diferente daquilo que é dado. Uma *razão seminal*, no sentido de que não se limita a um reconhecimento de pensamentos já dados, mas planta sementes das quais podem germinar caminhos inéditos do existir e produz juízos que abrem outros espaços de possibilidades; uma *razão mediadora*, que sabe encontrar o caminho justo entre os opostos, nos quais a vida da mente corre o risco de ficar encurralada: a segurança do poder fazer ou o temor de não conseguir ser, o acreditar saber ou o medo de não dispor de algum fragmento válido de conhecimento; uma *razão vivificante*, que se mantém unida à experiência para encontrar um alimento real, não fictício, para o movimento do pensamento e que, assim, na relação com a realidade, encontra questões diferentes capazes de abrir espaços do pensar sempre inéditos, obrigando àquela busca contínua que faz da vida um tempo vivo; uma *razão convivial*, que sabe dialogar com o outro para delinear visões que têm força para gerar comunidade.

A razão vivificante, poética, dá corpo a uma forma particular de inteligência: não a que produz especialistas em resolver algoritmos complexos ou em projetar edifícios arrojados, mas a que permite encontrar os caminhos do existir, os movimentos do viver quotidiano, nos quais se encontra consistência. Trata-se de uma inteligência que não se adquire seguindo as lógicas da alfabetização institucional, pois ela está em outro lugar. Às vezes, vemo-la nas ações de certas pessoas e buscamos compreender o seu segredo, mas a lógica epistêmica que preside certos aprendizados aqui não ajuda, mas provoca um extravio: não se trata de compreender, mas sim de admirar e de estar próximo de onde essa inteligência do existir é empregada, experimentando formas de aprendizado que possibilitam uma espécie de contágio do ser. A condição para que essa inteligência do existir possa surgir é deixar-se guiar pelo desejo de estar e de fazer bem, o deixar-se guiar que consiste em obedecer à essência íntima do próprio ser que, como todas as coisas, aspira àquilo que é bem (Aristóteles, *Metafísica*, A, 2, 982b 6-7).

O que nutre a inteligência da experiência é uma razão vivificante que sabe tratar adequadamente as coisas e, portanto, sabe ocupar-se da matéria delicada que é a vida da alma, a qual não exige somente um pensar atento, perspicaz, profundo e rigoroso, mas também uma maneira delicada, um aproximar-se com cautela. Trata-se de "uma razão essencialmente antipolêmica, humilde, derramada entre as coisas, misericordiosa" (Zambrano, 1989, p. 91); uma razão circunstancial e quotidiana, ou seja, atenta ao concreto e minucioso fazer-se da experiência; uma razão empenhada em cultivar um pensar que está unido ao vir a ser do ser-aí para buscar uma compreensão o mais fiel possível à sua essência. Uma razão humilde e dispersa entre as coisas é aquela que se mantém em contato com a realidade ordinária, com a vida na sua pluralidade de aspectos. Uma razão incapaz de ficar em contato com as coisas é uma razão limitada, que não permite uma experiência viva do mundo, a única capaz de possibilitar o florescer das possibilidades existentivas.

É necessária uma razão dialógica, que se alimenta da convivência com os outros, pois nenhuma boa busca pela arte de existir pode ser conduzida solitariamente. Se é verdade que a qualidade ontológica da condição humana é a relacionalidade e que o ato do pensar identifica a qualidade essencial do humano, então, não é possível conceber uma boa qualidade do pensar sem o encontro com os outros.

> O outro é a companhia da qual todo ser precisa. Ninguém vai sozinho – isso é uma abstração –, mas sim acompanhado pelo outro, sem o qual não poderia falar (Zambrano, 1989, p. 72).

Sem o outro, não existe movimento verdadeiro. Quando falta o confronto dialógico com o outro, acabamos consumindo as energias num caminhar ilusório que nos faz permanecer no lugar em que estamos; não há deslocamento, portanto, não existe transcendência alguma. "É necessário sair sempre em busca do outro" (Zambrano, 1989, p. 73), sair dos próprios recintos teóricos para dialogar com o outro, comparando os próprios pensamentos com os dele para encontrar juntos outras paisagens, outros mapas do pensar.

Um bom cuidado do pensar exige, então, a construção de relações dialógicas com os outros, que sejam feitas de trocas inquietas, mas, ao mesmo tempo, conviviais, nas quais jamais sucumba o desejo da verdade capaz de sustentar o empenho a manter a conversa aberta.

Explorar outras terras do pensamento

Seria problemático se a reflexão que atua com uma intenção transformadora sobre os pensamentos perseguisse somente uma direção analítico-crítica, no sentido de limitar-se a colocar os pensamentos em discussão e desconstrui-los, pois, no horizonte do cuidado de si, cujo sentido está na busca de uma forma boa do próprio ser-aí, é preciso caminhar também numa direção oposta, a de construir: construir paisagens do pensar que ajudam a manter-se em busca do sentido da experiência. O caminhar no tempo, de fato, precisa de mapas que orientam em meio à complexidade da experiência humana, de coordenadas que assinalam os modos de composição do sentido do existir.

Com o "mito da caverna" (*República*, livro VII), Platão mostra que a prática do cuidado do existir demanda uma espécie de conversão, que nos conduz para fora da opacidade do viver inconsciente, a fim de buscar a luz que ilumina os nossos passos. Libertar-se da condição das opiniões enganadoras para buscar a verdade é algo que se exprime na metáfora do liberar-se das correntes, o que indica uma conversão – a qual deve ser entendida como uma mudança radical de perspectiva – que exige uma decisão não só racional, mas também sustentada pela paixão e acompanhada por uma mudança de posição também no corpo.

Contudo, para atuar tal conversão, não basta a decisão que nasce de um ato livre: é preciso saber dirigir a atenção para o lugar justo. Somente mantendo o pensamento concentrado sobre as coisas de valor é que o pensar se torna propriamente algo de valia para a experiência (*República*, 500c): as questões de valor são as que exigem compreender em que consistem o bem, o justo, o belo, pois a força necessária para aquela que Platão define como *periagoghé* vem do concentrar a atenção sobre as questões dignas de valor para a vida, de modo a adquirir a sabedoria das coisas essenciais, a única capaz de salvar. Conservar o olhar concentrado nas coisas indispensáveis para a busca da verdade do viver, e raciocinar, na medida do possível, todos os dias sobre elas (Platão, *Apologia de Sócrates*, 38a) é a única maneira de poder encontrar o saber do existir. Platão fala de uma ginástica da alma (República, 498b) para indicar a disciplina do pensar nas questões que são de primária importância para dar forma à experiência. Quando o pensar radical se torna uma disciplina, ocorre a experiência do surgimento de novos modos de pensar e de sentir. A tendência a buscar a verdade da existência está no núcleo íntimo da alma de cada um. A conversão se atua quando se dá ouvidos a essa necessidade vital e se dedica a energia do pensar à busca por um saber radical.

Mas um saber claro e profundo é impossível de ser adquirido, pois as questões que a realidade levanta à consciência não têm uma medida finita e, quando é possível considerar todas e cada uma das questões com a devida profundidade, não há maneira de chegar à verdade rotunda, já que, quando algo fica incompleto, o saber não pode tornar-se medida mensuradora da experiência (Platão, *República*, 504c). Disponíveis, então, estão apenas fragmentos dispersos de sabedoria.

É nessa perspectiva que alguns filósofos do período helenístico desenvolvem a teoria do cuidado de si. As filosofias antigas propunham exercitar a mente a concentrar-se sempre e atentamente sobre aqueles que eram definidos como "cânones" (κανών), isto é, como regras de vida, para fazer com que se tornassem instrumentos vivos do pensar. Trata-se de fixar na mente, por meio de uma meditação paciente, sentenças ou máximas hesicastas (ἐπιλιγισμοί), de modo a que, tornando-se parte substancial do próprio pensar, estejam disponíveis para serem pronunciadas a si mesmo nos momentos mais difíceis, para enfrentar com equilíbrio as situações da vida. A Meneceu, Epicuro escreve: "Pratica as máximas e conserva-as sempre na mente" (*Carta a Meneceu*, 123).

Marco Aurélio defendia a importância de ir em busca dos *princípios necessários para a vida* (*Meditações*, I, 9), seguindo os quais seria possível dar ordem e sentido à existência. Cultivar uma familiaridade íntima com esses princípios permitiria incorporá-los nos tecidos da mente, a tal ponto que eles adquiririam o estatuto de regras matemáticas a serem aplicadas quase automaticamente. Escreve Epiteto: "Não te deves separar de tais princípios, nem quando dormes, nem quando te levantas, nem quando comes ou bebes ou te entreténs com as pessoas" (*Diatribes*, IV, 12, 7). A orientação ética consiste em manter a atenção focada nos princípios que codificam uma boa arte do viver, ao ponto de fazer com que se tornem energia pura a orientar o modo de ser. A meditação contínua sobre uma máxima tida como fonte de verdade com relação à experiência pode ser considerada uma condição para vivificar uma ideia na alma, e somente uma ideia viva é capaz de desempenhar uma função transformadora sobre a qualidade do nosso ser.

As práticas espirituais são aquelas nas quais o pensamento faz da vida da mente a sua matéria e, portanto, têm por objeto de reflexão tanto o seu pensar quanto o seu sentir, não só para compreendê-los, mas também para transformá-los, para plasmá-los (Hadot, 2002, p. 30); pois não é suficiente conhecer-se, mas é necessário agir sobre si para modificar-se. A meditação de máximas, dos assim chamados cânones, responde ao princípio de trabalhar no pensamento para transformar-se através do pensar, para desencadear uma morfogênese contínua capaz de dar uma boa forma ao próprio ser-aí[12].

Considerado a partir dessa perspectiva, o princípio "não te ocupes de coisa alguma além de ti mesmo" (Epiteto, *Manual*, 33) não representa, de fato, um convite à migração interior, mas é a afirmação da necessidade de assumir como tarefa primária a de agir sobre si para transformar-se; ação, essa, que não fica restringida no espaço da vida individual, mas evidencia os seus efeitos transformadores onde quer que se aja.

[12] Essa visão performativa e transformadora do pensamento assume uma evidência particular no estoicismo, que considera a filosofia como uma prática destinada a desenvolver a arte de viver (Epiteto, *Diatribes*, I, 15, 2). De nada adianta aprender teorias abstratas ou empanturrar-se de leituras; somos chamados a buscar uma relação vital com o pensamento. Segundo Epiteto (*Diatribes*, I, 26, 15-17), a tarefa de cada um é compreender em que situação se encontra a própria alma e, então, buscar as vias para cuidar dela, sem perder tempo armazenando inutilmente obras filosóficas e tratados que causam apenas indigestões intelectuais prejudiciais. Nisso consiste o sentido do trabalho filosófico e, justamente porque o presente estudo assume a filosofia não como pensamento que visa produzir discursos sistemáticos, mas como técnica do viver, a referência fundamental assumida é, por um lado, a filosofia antiga e, por outro, filosofias contemporâneas como Zambrano e Stein.

Nos tempos hodiernos, nos quais prevalece uma concepção científico-tecnológica da formação, com relação à qual os conhecimentos filosóficos e literários, assim como os conhecimentos políticos, assumem praticamente uma função decorativa, deveria ser recuperada uma relação diversa com as filosofias antigas, as quais entendem o trabalho filosófico como prática de transformação de si. Voltar a atenção para sementes de sabedoria meditadas longamente no passado pode ajudar a redescobrir direções de pensamento que a cultura cientista do nosso tempo definitivamente encobriu, inconsciente da perda do capital cultural ocasionada por essa ação. Não se trata de aprender essas filosofias como se fossem exercícios escolares, mas de meditá-las e examiná-las, buscando aquelas passagens que ajudem a traçar direções de sentido para dar forma à arte de existir. Uma sentença, uma máxima podem ser traduzidas numa direção para o nosso caminho existencial somente quando se torna objeto de uma atenção contínua e intensiva que a traduz em ideias vivas e vivificantes.

Nessa perspectiva, pode ser útil reler as *Diatribes* de Epiteto, assumindo-as como uma caixa de *sementes de sabedoria* ou de *pensamentos a serem pensados* sobre os quais meditar longamente.

Valor formativo análogo têm também os princípios de vida enunciados por Marco Aurélio, quem recolhe as suas reflexões nas *Meditações*, apresentadas na forma de anotações feitas durante seu itinerário em busca de um saber do existir. Como tais, esses pensamentos não estão submetidos a uma sistematização ou a uma forma de catalogação. Mesmo respeitando a assistematicidade de tais escritos em forma de fragmentos, pode-se, todavia, identificar diferentes tipos de meditações: além de reflexões filosóficas gerais que retomam alguns temas-chave da filosofia estoica, podem-se distinguir pensamentos que sugerem o trabalho sobre o próprio de ser relacional para modelá-lo, e outros, também, que dizem respeito à dimensão política do viver.

Muitas são as ações a se desempenhar sobre a própria vida interior indicadas por Marco Aurélio nas *Meditações*. Entre elas, recordamos: "dar-se respeito e valor" (II, 6); cumprir tudo o que faz com empenho, com cuidado, com liberdade e com justiça (II, 5); ter um objetivo ao qual dirigir as próprias ações, de modo a não viver vagueando (II, 7); ocupar-se dos movimentos da própria alma (II, 8); dominar si mesmo e não deixar-se levar por nada (I, 15); trabalhar na própria vida interior para construir "o límpido e o sereno" dentro de si (II, 4) e para conservar a própria vida espiritual "protegida de toda violência e de todo dano" (II, 17). O exercício dessas práticas espirituais é considerado uma condição necessária para dar à própria vida uma forma boa: a forma que depende do saber valer-se das potencialidades que estão dentro de si (III, 4).

O estudo dos pensamentos de Marco Aurélio permite confutar a tese que identifica no cuidado de si uma inclinação individualista, solipsista, pois muitas das práticas transformadoras indicadas nas *Meditações* são funcionais a plasmar modos sociais de ser, empenhados na construção de uma comunidade feita de relações vividas eticamente. Para isso, indica-se como importante: "não se eximir das obrigações para com aqueles que vivem conosco" (I, 12); não buscar a qualquer custo ser o primeiro, mas reconhecer a superioridade dos outros (I, 16); "fazer o bem" sem se poupar (I, 14).

Que o cuidado de si é concebido à luz de uma visão relacional da vida fica evidente quando Marco Aurélio afirma que a primeira preocupação deve ser o cuidado do próprio "princípio hegemônico", ou seja, do próprio núcleo vital, com o objetivo de cultivar todos os modos de ser que são "bons e dignos de um ser sociável" (III, 4). O esmero em plasmar-se no próprio ser relacional se baseia na assunção de que "nascemos, de fato, para a cooperação" (II, 1), o que se realiza maximamente na relação de amizade. Por essa razão, encontra-se repetidamente nas *Meditações* uma atenção ao princípio de cuidar dos amigos, um cuidado que "exclui tanto a sociabilidade fácil quanto a paixão excessiva" (I, 16).

Em sintonia com a concepção socrática do cuidado de si como prática orientada ao exercício da vida política, Marco Aurélio enumera ações de cuidado político da existência, segundo aqueles que podem ser definidos como "princípios políticos". Ele considera a ideia de um Estado cujas leis sejam iguais para todos, que seja governado segundo "equidade e liberdade de expressão" (I, 14), onde prevaleça "o velar constantemente pelas necessidades do Estado" (I, 16) e o "tratar dos negócios pelo bem público" (I, 17).

Contudo, um princípio, ainda que interprete uma verdade de sentido, não se torna automaticamente matéria vivificante para o nosso ser. Pode-se cair no erro da leitura de tipo escolar, elencando e comentando as máximas encontradas nos textos. É possível, porém, lê-las a partir de si mesmo, colocando-se em relação com o texto para buscar aquilo de que a própria alma sente necessidade. E então, por um longo tempo, manter a atenção concentrada sobre as passagens em que se sente a presença do verdadeiro, como aquela em que Epiteto declara que é necessário aprender a aceitar aquilo que não podemos modificar, pois, quando não sabemos aceitar, o espaço vital se transforma em prisão para a alma (*Diatribes*, I, 12, 15-23).

É impossível não sentir toda a veracidade, mas também toda a dificuldade de um princípio assim. A mente não pode deixar de sentir o impacto provocado por afirmações que sabem dizer algo sobre a difícil verdade do existir. O problema, porém, consiste em saber usar esses pensamentos de maneira transformadora, o que significa trabalhar em si mesmo até encontrar a fissura no próprio ser, a partir da qual começar a tornar operante tal princípio. Para encontrar a fenda onde começar, antes é preciso trabalhar na noção que se tem de si mesmo para chegar a considerar si mesmo como pequeno (*Diatribes*, I, 12, 26): dar-se importância a si mesmo constitui uma pré-noção, que pode atrapalhar a motivação a trabalhar no próprio ser-aí para transformar-se, pois isso significa também renunciar a partes de si para explorar outros modos de ser. O não dar importância ajuda a encontrar a estrada para transformar-se.

No *Manual*, Epiteto indica muitas práticas para modelar, em sentido ético, o próprio princípio interior. Algumas delas são exercícios de reflexão a respeito das representações, sobre os pensamentos, para aprender a ponderar as implicações de uma escolha antes de decidir-se por ela. Quando Epiteto, diante de um dilema, pede para "conceder um tempo para ti mesmo" (*Manual*, 34) em contraposição à urgência de tomar uma decisão, ele convida à reflexão de tipo previdente, que indaga as possibilidades consequentes a cada decisão possível, uma condição para o exercício daquela escolha meditada, na qual consiste a essência dos atos livres. Se a essência do ser humano, enquanto chamado a dar forma ao seu agir com liberdade a partir de si, exprime-se nos atos livres, então, praticar o princípio do *parar e refletir* para aumentar a possibilidade de realizar atos nos quais dar consistência a decisões meditadas no íntimo constitui uma prática essencial para gerar a qualidade do próprio ser. Enquanto o refletir a respeito das vivências já ocorridas na mente permite ganhar compreensão sobre a qualidade do próprio ser, a reflexão antecipatória ou previsora é funcional a agir sobre si para dar forma ao próprio vir a ser.

Pensar as questões essenciais

Em pleno contexto pós-moderno, é impossível pensar na existência de cânones que sejam como regras de valor geral objetivamente disponíveis para um percurso de aprendizagem puramente recognitivo. Isso não significa que não é possível ir em busca de princípios de ordem e de coordenadas de sentido para a experiência, mas sim que essas podem ser compreendidas apenas como horizontes, aos quais tender por meio de um contínuo trabalho de interrogação radical da experiência.

O problema que, nesse ponto, apresenta-se consiste em entender em qual direção orientar o pensar, de maneira que não se limite a pensamentos já formulados, mesmo considerando essencial a ação espiritual de familiarizar-se com eles, mas se constitua como um pensar de outro modo, um pensar que explora outros universos possíveis.

Se, socraticamente, o cuidado do pensar é entendido como solicitação a interrogar radicalmente a experiência, então, ocorre definir qual tipo de questões assumir como instrumento para ativar a prática de interrogação sobre o sentido. Com relação a essa pergunta nada fácil, toda resposta possível oferece sempre muito pouco, e um pouco desse pouco está na sugestão de buscar *questões verdadeiras*, aquelas cuja resposta não se antecipa em nada daquilo que o sujeito já tenha na forma de uma certeza. A vida, frequentemente, acaba sendo confinada dentro de um horizonte limitado, que restringe as possibilidades de experimentar o tempo de forma viva e diferente; abrir o espaço da questão livre, a que se debruça sobre o inédito, significa alargar o espaço da experiência. Ao se escutar a necessidade de encontrar uma orientação boa à existência, percebe-se a pressão para ir à raiz de todo princípio, de todo cânon, ou seja, para buscar as questões essenciais das quais tais pensamentos foram gerados.

A partir disso, dá-se que uma prática espiritual fundamental consiste em buscar as *questões essenciais*. E essenciais são as questões que nos mantêm firmemente orientados à busca da verdade do existir, aquelas nas quais está em jogo o sentido do ser-aí. Para dar significado à nossa vida, para espalhar sementes de sentido pelo tempo, deve-se saber ater-se ao necessário, saber conservar-se na ordem da necessidade, ali onde está em jogo o bem do ser-aí.

Se é verdade que existe em cada ser humano um desejo de bem tal que nada pode arrancar, então, para buscar as questões essenciais, é preciso, antes de mais nada, permanecer à escuta desse desejo e deixar-se guiar por ele. No querer aquilo que é bem, há um poder em virtude do qual alguma coisa pode ser, pode desdobrar-se nas suas possibilidades existentivas (Heidegger, 1976, p. 271). Ao escutar a necessidade que move a alma, de encontrar uma direção boa para o existir, percebe-se a presença daquela *questão primeira* que exige tomar uma decisão sobre tal necessidade. Epiteto indica essa decisão ética primária com a palavra *proaíresis* (προαίρεσις), um termo difícil de traduzir, mas que fundamentalmente indica uma pré-escolha, isto é, uma decisão que se toma diante da tendência primária do ser: deixar-se levar ou não pela busca daquilo que faz da vida um tempo bom. O valor ontogenético dessa decisão primária é que leva Epiteto a dizer que a pessoa é a sua *proaíresis*, a sua escolha primeira, aquela decisiva (*Diatribes*, II, 22, 19; III, 1, 40; IV, 5, 11, 23).

A escolha ética primária, quando é escolha a dedicar-se à busca daquilo que é irrenunciável para fazer da vida um tempo bom, tem a força de tornar incoercível o desejo de bem e a aversão àquilo que faz mal ao viver, salvaguardando a alma do disperder-se em coisas inúteis (*Diatribes*, I, 1, 31). A virtude primeira, da qual deriva a possibilidade de cultivar outras virtudes, é decidir-se pela busca daquilo que faz bem, daquilo que pode germinar uma vida boa.

Se a escolha primária, de fundo, é uma escolha convicta, amadurecida no profundo, então, segundo Epiteto (*Diatribes*, I, 17, 14), a pessoa dispõe da força para imprimir a direção justa nos seus pensamentos e, portanto, na sua vida, ou seja, ela se torna capaz de assentir a pensamentos que orientam àquilo que faz bem e de suspender o assentimento diante daquilo que faz mal ao ser (I, 4, 11). Assumindo a tese antropológica, sobre a qual também a filosofia de Epiteto se baseia, segundo a qual a essência do ser humano está nos seus pensamentos e que, portanto, a qualidade do nosso ser depende da qualidade dos pensamentos que pensamos, então, definindo a escolha de fundo, seria possível encontrar a chave de acesso ao pensar capaz de chegar à raiz da orientação do ser.

O decidir-se pela escolha ética de fundo não é, porém, um ato que a pessoa pode realizar de uma vez por todas, mas exige uma renovada conversão da mente e um exercício contínuo de transformar um ato mental num modo do ser-aí. Quando a escolha de fundo se torna uma opção continuamente renovada, então, o ser humano conhece a força da liberdade, já que "é livre aquele a quem todas as coisas acontecem em perfeita harmonia com sua escolha ética de fundo" (I, 12, 9).

Somente a partir dessa decisão primária, que deve continuamente ser renovada e que coloca o ser em ressonância com a tendência necessária da condição humana, é que se pode encontrar a energia e a orientação indispensáveis para buscar a sabedoria das coisas humanas (Platão, *Eutidemo*, 282a), e nisso constitui a tarefa essencial do ser-aí.

Mas, por mais considerável que seja a exigência de trabalhar na própria orientação para decidir-se pela escolha de fundo, e mesmo que se chegasse a essa opção ética primária, isso não basta para definir de maneira dinâmica o mapa do existir, do qual a alma sente uma necessidade irreprimível. É a essa necessidade que, talvez, responda ao conceito de *ordo amoris* (Scheler, 1916), o qual indica a ordem dos valores, a ordem daquilo que vale. O *ordo amoris* é, para a qualidade do ser da pessoa, aquilo que a fórmula do cristal é para o produzir do cristal: é o núcleo da pessoa enquanto ser espiritual. Justamente porque o *ordo amoris* define o horizonte axiológico de uma pessoa, ele exercita uma força performativa sobre o modo de pensar e de sentir, desempenhando o papel de plano de fundo para todo movimento do ser-aí de uma pessoa. Quando a pessoa se abstém de estar em busca daquilo que vale, então, ela corre o risco de cair na desordem do pensar e do sentir. Encontrar o *ordo amoris* significa entender onde está o essencial, o irrenunciável e, portanto, identificar o mapa do qual obter direção e medida para o próprio ser-aí.

Segundo o realismo ontológico de Scheler[13], o *ordo amoris* corresponde a uma hierarquia das coisas que se encontram no mundo, as quais teriam a força de

---

[13] A tese realista de Scheler é a de "um reino no qual estão ordenados os pontos de amor de todas as coisas, um reino rigorosamente objetivo e independente do ser humano, – algo que unicamente podemos conhecer, não 'estabelecer', criar, fazer –, como também a 'determinação individual' de um sujeito espiritual singular ou coletivo é algo (...) que não se pode 'estabelecer', mas apenas conhecer" (1916, p. 113). Scheler fala de "critérios universalmente válidos" (p. 113) e afirma a existência de uma "determinação individual objetiva" (p. 114), que pode ser conhecida não só pelo sujeito a que pertence, mas também pelos outros. Essa interpretação objetiva do *ordo amoris* se mostra problemática não apenas no plano gnosiológico, para quem se formou dentro de uma visão construtivista das coisas, mas também, no plano ético, por levar a pensar no vir a ser do próprio ser como um movimento de tender a uma ideia de si já estabelecida, da qual uma vida autêntica seria uma fotocópia em cores. Por sua vez, pensar no *ordo amoris* como uma hierarquia de modos de ser escolhidos traz de volta para o primeiro plano a liberdade individual, a que torna o viver altamente problemático mas que, contudo, nesse tornar frágil o vir a ser do próprio ser, é também sinal da sua possibilidade de excelência. Assumir uma posição construtivista não significa negar a existência de uma ordem objetiva dos valores, mas sim considerar esta última como inacessível à mente individual, em virtude da sua visão inevitavelmente situada, local. Tomar certas distâncias de uma visão objetivista não significa, todavia, assumir automaticamente uma posição radicalmente relativista e subjetivista; o trabalho de procura pelo *ordo amoris* pode ser entendido como uma busca conjunta com outros que se deixa guiar pela ideia de chegar a um acordo intersubjetivo, meditado por tanto tempo, que pode aproximar, o máximo possível, daquela visão objetiva à qual somente um olhar divino tem acesso.

produzir o grau de intensidade da nossa consideração, segundo o lugar que ocupam na hierarquia axiológica (Scheler, 1916, p. 111): se, porém, assume-se – como aqui acontece – uma visão construtivista do saber, pode-se compreender tal *ordo* como *a ordem de valores dos modos de ser-aí, à qual se chega através de um processo de pensamento e de ação subjetivamente encarnado.*

No mundo, muitos são os *ordo amoris* possíveis aos quais a consciência pode aderir. O critério que decide a direção da nossa adesão é a ideia de condição boa da vida almejada pela pessoa. Buscar a ordem de valor dos modos de ser-aí é uma ação construtiva que, porém, requer, ao mesmo tempo, um trabalho de desconstrução que consiste em desmascarar e desativar "a rede de variegadas ilusões" (Scheler, 1916, p. 116), que se encrostam na consciência e a enganam sobre as decisões a serem tomadas. É necessário o trabalho do desfazer: redirecionar, remover, desativar as tendências do ser que encontramos estando do lado do negativo (p. 117). Dada a primariedade ontogenética da ordem dos valores, não é possível deixar que qualquer uma das perspectivas entre aquelas presentes no mundo que habitamos se imponha à nossa consciência, mas a ordem que se converterá em fórmula cristalográfica do próprio vir a ser deve ser o êxito de um trabalho de reflexão, que nunca termina, e no qual constitui a direção primária do trabalho de autoformação.

Buscar o próprio *ordo amoris* exige muita energia e uma forte determinação, a que provém do cultivo do "autêntico amor de si" (Scheler, 1916, p. 115). Este, de modo algum, é egoísmo, mas sim paixão pela própria atualização existentiva, paixão que está numa relação de cogeneratividade evolutiva com a força vital que nutre cada ato do ser-aí. O amor de si é paixão pelo chamado a tornar-se a melhor forma possível do ser aí, um chamado premente para a consciência. Conseguir encontrar essa medida do valor significaria, porém, estar apenas na metade do trabalho, pois, nesse ponto, devem-se buscar as práticas espirituais capazes de dar forma aos movimentos do existir, atualizados por tal medida, de modo a compor a matriz geradora daquela *composição de sentido* que se deseja para a vida. Aceitar a responsabilidade de existir significa dedicar a vida inteira a essa busca.

O conceito de uma ordem de valor é útil para se pensar, mas manter o olhar demasiadamente atento ao princípio de encontrar uma hierarquia entre as possíveis direções atuadoras do ser pode levar a um enrijecer-se do pensar, caso a busca por uma presumida fórmula axiológica definitiva o absorva excessivamente, como se a ordem certa dos valores do existir fosse algo que consciência humana pudesse adquirir. Pensar que o horizonte axiológico, a linha que guia o caminhar, mas que jamais pode ser definitivamente alcançada, seja um núcleo do saber dominável, distorce o processo de busca pela arte de existir. O *ordo amoris* é uma ideia assimptótica, à qual tender como a um princípio guia, mas difícil de alcançar numa sua verdade definitiva.

Por essa razão, pode ser de ajuda a ideia de María Zambrano que, justamente a partir da reflexão sobre o conceito de *ordo amoris*, propõe ater-se à busca de um método, entendendo por método não um dispositivo que se domina, mas um modo de estar no mundo, precisamente, o modo do caminhar, do estar sempre caminhando à procura de ideias adequadas. Estar a caminho significa buscar a ordem dos modos de ser que valem, mas, ao mesmo tempo, vigiar o modo dessa busca para não ficar sujeito a erros de procedimento que impediriam conservar uma busca autêntica. Para Zambrano (1989, p. 43), quem socraticamente assume por princípio essencial aquele de cuidar da alma, o modo do cuidado consiste em estar constantemente em busca do saber da alma, pois é a tendência heurística que torna possível a transformação de si mesmo. Se o método não desencadear modificação alguma, então, ele não seria outra coisa senão uma técnica de superfície sem nenhuma utilidade para a tarefa de viver. A "τέχνη τοῦ βίου" (*técnica da vida*), isto é, a arte de existir, consiste em estar constantemente em busca do método justo do ser-aí.

Encarnar o método do viver significa estar a caminho, ou seja, manter-se em busca, uma busca que, para permitir a composição de sentido visada pela alma, deixa-se guiar pelas questões essenciais. As questões essenciais são aquelas que interrogam as direções de sentido através das quais realizar o tempo da vida: Em que consiste o bem? Como consegui-lo? Onde o meu ser encontra a sua atuação plena e justa? ... Encontrar alguns germes de resposta para essas questões equivale a dar forma ao núcleo vivo da vida da mente, do qual brota a visão das direções do ser-aí. Esse núcleo vivo, tão decisivo para a qualidade da própria atuação existentiva, deve, porém, ser sempre mantido sob o olhar da atenção reflexiva, visando tanto tender à resposta sempre mais adequada, quanto identificar modos de ação para tecer os fios de sentido encontrados.

Se o ser humano se encontrasse na condição de ser inteiramente revelado a si mesmo, ele não teria a necessidade de pensar, de cotejar-se com as questões sobre o significado, as que levam a consciência a confrontar-se com a própria fragilidade e vulnerabilidade, com a limitação da energia vital e dos instrumentos cognitivos e práticos, dos quais dispõe diante da tendência que cada um sente de realizar o próprio tempo da melhor forma possível. Enquanto não definido, enquanto carente de forma e, por isso, chamado ao cuidado de si, o ser humano não pode evitar interrogar-se sobre o sentido. Buscar respostas para as questões irrenunciáveis, para aquelas interrogações que a razão percebe como de extrema importância para a vida, não significa procurar respostas complexas que exigem raciocínios sofisticados; o princípio que deve inspirar a busca é o da simplicidade, porque o essencial está numa relação consubstancial com a simplicidade.

Uma parte do tempo da vida deveria ser reservada a dedicar o máximo de atenção possível às terras do pensamento que têm a máxima importância para a pessoa. Acontece, porém, que a mente se torna uma espécie de receptáculo de uma série de solicitações que a distraem daquilo que deveria ser o núcleo vivo de sua busca. Deixar-se distrair das questões essenciais, permitindo que a energia mental seja capturada e consumida por questões secundárias, equivale a carecer de uma *ordem do pensar*, o que, então, traduz-se numa *desordem do ser*. A energia necessária a cumprir bem a tarefa de existir requer a busca daquilo em que se pode colocar o próprio coração. Cuidar de si significa saber manter a atenção concentrada nas questões vitais, consideráveis, sobre as quais insistir para poder encontrar pontos cardeais de orientação para as escolhas decisivas.

A disciplina da análise

Uma vez identificadas as questões essenciais, o próximo passo é examiná-las profundamente, cuidando para buscar respostas o mais adequadas possível, estando, porém, conscientes da inevitável provisoriedade e parcialidade de cada resposta, pois as questões que brotam da necessidade premente de buscar as coordenadas para compor o existir com sentido excedem, quase imoderadamente, a capacidade da razão humana. Afirmar o exceder das questões de sentido e que, para elas, não estão disponíveis respostas definitivas, não significa afirmar que elas estão destinadas a permanecer sempre e de qualquer modo completamente abertas, no sentido de que não haveria para as mesmas respostas aceitáveis. Se assim fosse, então, o pensamento que a elas se dirige assumiria um certo tom desesperador. Ao manter, porém, o pensamento ancorado ao desejo tensional do qual ele se origina, ou seja, à busca de uma boa visão espiritual, então, é possível encontrar respostas que, apesar de não definitivas, revelam, todavia, a própria validade, já que podem constituir pontos de apoio legítimos para orientar eficazmente o agir na direção desejada.

Se, por um lado, a caminhada, que é a vida, deve evitar mapas de modos de ser já estruturados, pois enrijeceriam o movimento da alma, por outro lado, ela precisa de sistemas de orientação, e as respostas que vão sendo encontradas como frutos de uma busca autêntica exercem essa função. Por essa razão, indicar a provisoriedade desses pontos de apoio não significa diminuir o valor das respostas gradualmente encontradas, mas sim advertir o pensamento, enquanto expressão de um ser finito, sobre a sua tarefa própria de permanecer em busca da melhor forma do próprio horizonte de sentido sem encontrar soluções perenes.

Para que a busca se mova na direção justa, isto é, mantenha-se fiel à irrespondível essência de tais questões, é imprescindível adotar o princípio da humildade, aquele saber que jamais se pode saber o suficiente, o qual assume a forma do "decidir não saber" (Zambrano, 1989, p. 110) e obriga não só a um pensamento cautelosamente ponderado, que não conhece nem pressa nem atalhos, mas também exige um método adequado à natureza do objeto. Nessa perspectiva, é útil fazer uso do princípio metódico que demanda afrontar uma questão a partir de ângulos diferentes, girando em torno dela, até chegar a saturar o processo de investigação. O investigar que se move ao redor do objeto não deve ser entendido como uma forma de assédio, que se lança na direção do núcleo de uma questão como se ela fosse uma fortaleza a ser conquistada, mas se trata de um girar em torno que se mantém na circunferência externa e que, a partir dali, examina a questão, colocando-se, cada vez, numa perspectiva diferente. A inteira compreensão pode realizar-se apenas depois de experimentar tantas diversas perspectivas quantos são os infinitos ângulos de uma circunferência.

Percorrendo caminhos diferentes de análise, é possível encontrar respostas plurais a uma mesma questão; isso obriga a indagar cada uma dessas respostas para buscar, então, uma segunda ordem de respostas que reúnam os traços dos êxitos daquele percurso de análise diferenciada que se cumpriu. Se, ao praticar o princípio de girar em torno, a primeira sensação que se tem é a de perplexidade como consequência de descobrir que o objeto é uma fonte infinita de informações, o ganho aí consiste em chegar à consciência autêntica sobre o caráter interminável do interrogar essencial; algo que convida a assumir o tempo da vida como um tempo de busca contínua.

Se nos deixamos guiar pelo princípio da busca radical e crítica, com simplicidade e humildade, podemos chegar a estruturar um horizonte de pensamentos vivos e vitais, isto é, capazes de iluminar um pouco as possíveis direções atuadoras do ser. Deixar-se guiar por esse princípio é uma decisão essencial, visto que somente horizontes profundamente meditados podem se tornar "fontes de força doadora de vida" (Stein, 1980, p. 35-36).

Quando se chega a encontrar ideias que parecem ter algo daquela almejada verdade do existir, intuições felizes das quais parecem brotar direções do ser-aí geradoras de sentido, o que resta fazer, então, é colocá-las em prática, pô-las à prova da experiência. Como afirma Platão (*Fédon*, 73b), para que um aprendizado significativo ocorra, é preciso experimentar diretamente aquilo sobre o qual se raciocina. O pôr à prova, contudo, nada tem a ver com a lógica subjacente ao experimento científico, que controla e manipula os fenômenos, mas é um acompanhar reflexivo que cuida para que as ideias e as intuições felizes encontrem o terreno onde melhor florescer e que desdobra o pensar na forma de uma atenção orientada a colher na nova experiência cada elemento capaz de abrir novas passagens para o ser-aí.

É difícil encontrar respostas para as questões essenciais. É preciso tempo. Às vezes, o tempo necessário parece excessivo e percebe-se uma urgência que pressiona e impulsiona o pensamento a agarrar uma resposta, já que o vazio do saber sobre a arte de existir pode ser insuportável. Todavia, "para sair dessa situação, nada é mais contrário que o esforço para sair dela. É preciso sustentar-se nessa situação com o coração firme" (Zambrano, 1989, p. 114), aceitando que o pensar as questões significativas implica em momentos de não pensar: a suspensão do agir da mente que faz com que se sinta num deserto.

Talvez o que ajude a suportar o vazio pela ausência de respostas seja o sentimento experimentado ao se concentrar sobre o essencial, pois, assim como Plotino falava da "alegria do sentir" [μακαρίαν διδοὺς αἴσθησιν] (*Enéadas*, VI, 6, 7, 38-39) quando a alma se orienta a contemplar o bem, assim também é possível experimentar o prazer do pensar ao ter a sensação de manter o pensamento concentrado sobre aquilo que se considera digno de ser pensado[14].

---

[14] Na perspectiva de Plotino, é difícil aceitar a hipótese de que a alma é capaz desse sentir e desse pensar, que não é um pensar enquanto

Para dedicar-se a pensar as questões irrenunciáveis, é necessário não apenas tempo, mas também saber encontrar a justa medida do investigar. Se é verdade que o indagar, o levantar questões essenciais, como aquelas sobre o significado, "é o aspecto mais humano do ser humano" (Zambrano, 1973, p. 30), é também verdade que, justamente porque tais questões são irrespondíveis, isto é, são constitutivamente abertas, existe o risco de emaranhar a manete num indagar excessivo, desmedido, que termina por consumir inutilmente a energia cognitiva. O princípio délfico "nada em demasia", que convida a buscar a justa medida para cada coisa, impõe-se, portanto, de maneira primordial para as atividades da mente, nas quais está em jogo o sentido do ser.

Diante da fatiga do pensar, muitos são os enganos nos quais a vida da mente pode cair e chegar a um abismo; um deles está em renunciar a levantar questões. Para evitar esse risco, é preciso vigiar a forma que o próprio pensar vai tomando, a fim de cultivar a sua dimensão fundamentalmente exploradora. Todavia,

---

não se move "e nem possui vida" (*Enéadas*, VI, 6, 7, 43-44). É possível refletir sobre a importância de adotar uma atitude radicalmente receptiva, distendida, que alude a uma passividade ativa; porém, uma vez que o ser e a vida, segundo ele mesmo afirma (VI, 6, 7, 38-39), são uma coisa só, o pensar, constituindo uma parte essencial do ser-aí do humano, só pode estar em movimento. A distensão própria da mente poética é dificilmente separável da tendência heurística da mente seminal e vivificante, incapaz de evitar o impulso a buscar.

obedecer à necessidade de levantar questões de sentido não salva do risco de escorregar numa diminuição do ser, porque pode ser que se refreiem as questões, que se busque pouco: contentar-se com pouco sentido do ser. Platão considera indispensável tirar a atenção da alma do mundo do devir e voltá-la para as coisas que sempre são (*República*, 518c); pode-se redefinir o sentido desse movimento radical entendendo-o como um tirar a mente da cômoda posição de aceitação do já dito e do pouco que nos é acessível para arriscar o inédito e o ulterior com relação ao que está imediatamente disponível. Esse movimento da mente deve ser compreendido como a arte (518d) de voltar a escutar os desejos de ser-aí e ali, no profundo do desejo, ir pescar as questões de sentido que guiam a busca pela medida essencial do nosso ser-aí.

Platão considera que a educação da alma deve começar na infância, um trabalho para aliviá-la de todos os "pesos de chumbo" que a impedem de voar alto e para liberá-la de todos os maus hábitos que empobrecem a autêntica força do pensamento (519a-b). Essa seria a condição para experimentar uma vida mais clara (ὁ φανοτέρος βίος) (518a), o objetivo ao qual visa à educação da alma. Frente a uma visão empobrecida da tarefa do educar, é hora de meditar as palavras de Platão para escapar dos limites de uma lógica mercantil da educação e tornar novamente central a tarefa de educar à busca da sabedoria do humano, o que obriga ao aprendizado da arte de cultivar a mente por meio de práticas de espiritualidade.

Individuar as zonas vulneráveis da vida da mente

A vida da mente tem as suas zonas de vulnerabilidade: tendências a nutrir obsessões, a pacificar-se em ilusões, a deixar-se paralisar por medos não sustentados por evidências, a perder-se nas minúcias sem buscar visões de conjunto que ajudem a distinguir o perfil dos fenômenos etc.

Um dos riscos comuns, conseguinte ao não saber manter o olhar na qualidade do real, é o de cultivar ilusões, a tendência da mente a confiar-se a enunciados não verdadeiros, mascarando a consciência da inconsistência de tais pensamentos. Movendo-se num plano ilusório, o próprio agir sofre, pois, quando numa dada situação faltam ideias adequadas à qualidade do real, é difícil, então, encontrar a justa direção para os próprios passos.

Mediante uma detalhada fenomenologia da vida mental, é possível identificar quais são os pontos de maior vulnerabilidade para buscar práticas destinadas a reduzi-los, a redimensioná-los. Se, por exemplo, descobre-se em si a tendência a enxergar sempre algo de arriscado, de negativo, em situações imprevistas ou que não correspondem às nossas expectativas e, logo, a cair num excesso de alarmismo e de tensão interior, pode ser fecundo para um novo modo de ser-aí exercitar-se em buscar sempre um positivo possível. Ao se voltar para si mesmo, pode-se descobrir a tendência a um fácil e repentino colapso de um bom sentido interior e, por conseguinte, perceber que o sentimento positivo do viver está diminuído ou até mesmo esgotado, chegando a sentir-se preso dentro de tonalidades sombrias; nesse caso, compreender qual visão das coisas repentinamente atrai a mente quando o olhar positivo desaparece significa ir à raiz de uma das próprias zonas de vulnerabilidade. É possível encontrar-se preso por medos que acorrentam de tal modo a mente ao ponto de que não mais se sinta a realidade viva das coisas e de consumir as próprias energias na tentativa inútil de evadir através de exaustivos tecnicismos: tornar esses medos objetos de análise, buscar compreender qual a sua origem é importante; mas mais importante ainda para uma possível mudança é conseguir encontrar outros terrenos do pensar e do sentir que possam ser cultivados e intensificar a atenção sobre eles, para esmorecer indiretamente as garras dos medos e, então, a mente possa respirar novamente.

Certas vulnerabilidades fazem com que a vida fique confinada em espaços que não permitem crescimento. Existem pensamentos difíceis de suportar, porque obstaculizam o existir; são aqueles que se apresentam na forma de proibições: proibições a sentir coisas, a encontrar outras pessoas, a pensar de outro modo, a aventurar-se por caminhos inéditos. Sentir-se prisioneiro de pensamentos que limitam o movimento livre do ser-aí bloqueia a energia, imobiliza a pulsão a existir. Frente à percepção da extrema fragilidade da vida humana, à dependência de acontecimentos externos que costumam tornar ineficazes os nossos esforços, o que se deseja é adquirir um certo grau de soberania sobre a própria existência (Nussbaum, 1986, p. 48 e 55) e o ser humano confia essa tarefa à razão. Devido ao forte investimento que tendemos a fazer na razão, ao sentirmos o aperto de seus pensamentos, sofremos um sentimento de radical impotência e a consciência da própria fraqueza ontológica se agrava, o que inevitavelmente provoca angústia. Compreender a origem dos pensamentos que obstaculizam o livre decorrer da existência e encontrar o método para não permanecer sob a sua força limitadora é condição para encontrar o gosto sensível pelas coisas e o prazer da experiência do novo. Essa busca, se conduzida com uma certa continuidade, produz sossego na alma, ajuda a encontrar em si um clima límpido e sereno (Marco Aurélio, *Meditações*, II, 4), o relaxamento interior que, sozinho, permite reunir as forças necessárias para continuar com o trabalho do pensamento que cuida do ser-aí.

Não se pode ignorar o fato de que o pensamento do qual exigimos que encontre dispositivos para lidar com as nossas zonas de vulnerabilidades, de fragilidade, encontra-se, ele mesmo, na origem desse sentir. De fato, existe um pensamento que é uma coisa só com aquele sentir que nos revela imediatamente a nossa qualidade ontológica de seres inconsistentes, carentes de ser. É a partir desse sentir a própria debilidade ontológica que brota o pensamento que faz de nós um problema para nós mesmos e nos faz experimentar a luz escura e abissal do interrogar metafísico, o interrogar que desvela como, para o ser humano, embarcado na viagem do existir, nunca exista um porto definitivo para acessar a sabedoria das coisas humanas.

Quando o pensamento está tomado pela necessidade de interrogar-se sobre a condição humana para compreender a sua qualidade essencial e, assim, torna-se pensamento consciencial, ele, inevitavelmente, está diante de toda a fragilidade do nosso ser, já que não pode evitar tomar conhecimento do fato de que todas as coisas nas quais encontra os traços das suas qualidades essenciais (pensamentos, desejos, sentimentos, projetos, trocas relacionais...) e sobre as quais concentra a sua energia vital estão destinadas a evaporar como orvalho sob o sol. Ele descobre que, apesar dos esforços para dar substância ao próprio ser, a realidade conspira para nos silenciar; que o nosso florescer é uma coisa só com o desflorescer. Tomar conhecimento de que o nosso ser é marcado por uma contradição irresolvível – pois está preso entre a inevitável pulsão a fazer coisas para estar em casa no mundo e a inconsciência do próprio fazer, já que está submetido aos condicionamentos do mundo e à usura do tempo – é algo que gera sofrimento: é a dor ontológica, a dor de ser. Por isso, é difícil "pensar sem tremer" (Zambrano, 1989, p. 85).

Exposta à percepção da inconsistência da própria projetualidade existencial, a mente tende a voltar atrás, a buscar pensamentos consoladores que a ajudem a crer que o espaço cósmico no qual nos dissolvemos – a única coisa que parece ter consistência e persistir – conservará de nós algum sabor. Ou então ela se refugia no desejo de possuir plenamente o ser, uma forma impossível de soberania sobre a experiência, sobre as dinâmicas de constituição do próprio ser-aí. Ela gostaria de "um ser que pudesse abraçar todo o próprio conteúdo num presente imutável, em vez de ver nova e continuamente desaparecer aquilo que acabou de surgir para a vida" (Stein, 1997, p. 64).

Cultivar um pensamento que cuida de si significa não se deixar enganar pelo trabalho desrealizante da imaginação que não se atém ao real e, em vez disso, exercitar-se em resistir para manter os pés na realidade. É verdade que a razão humana não pode suportar demasiada realidade, mas isso não é motivo para buscar refúgio nas ações distrativas de uma imaginação tomada pela ansiedade de buscar espaços de ser que não pertencem à condição humana. Quando, devido à incapacidade de suportar a realidade, deixamo-nos distrair pelo trabalho desenraizador da imaginação, é difícil evitar a experiência desnorteante da aridez de sentido.

Cuidar de si significa exercitar-se em dar suporte ao pensamento que mantém a consciência vinculada à qualidade do nosso ser, em aceitar ser aquele pouco que pode ser, mas, ao mesmo tempo, empenhar-se em fazer tudo o que é necessário para dar forma ao melhor, mantendo-se abertos à ulterioridade do possível.

Aceitar a qualidade ontológica do próprio ser, a própria fragilidade e vulnerabilidade – e nisso se realiza o princípio de ater-se à necessidade do real – torna-se ação espiritual eficaz não quando constitui um mero ato intelectual, mas quando empenha o sujeito na construção de uma relação criativa e ética com o tempo, uma relação que se concretiza ao agir assim como se sente que o agir bem seja. Quando a consciência do inexorável escorrer dos eventos penetra na mente, aumentando a percepção da inevitável perda do ser, cuidar de si significa empenhar-se em concretizar os modos de ser que fazem acontecer um tempo desenhado por percursos de sentido, aquele que faz com que se sinta como menos grave o ir embora gotejando do tempo da vida. É assim que se cria um "espaço vivente" (Zambrano, 1989, p. 81), onde o tempo tem sentido: continua inexoravelmente a escorrer, mas não se dissipa, pois o sentido do agir permanece.

A vulnerabilidade da mente não depende apenas do fato de que ela produz certos pensamentos, estando sujeita a certas emoções, desenvolvendo certos hábitos cognitivos que funcionam como obstáculos para o livre florescer do ser, mas também da omissão em cultivar certas potencialidades. Omitir o cultivo da reflexão agrava a vulnerabilidade da mente.

Para ser eficaz no cuidado da alma, a reflexão deve tornar-se uma espécie de hábito, no sentido positivo do termo, ou seja, uma disposição treinada para estar sempre presente. Quando se torna um ato quotidiano da vida da mente é que a reflexão se converte em ajuda para a pessoa no enfretamento das partes imprevisíveis de si, daquelas que fogem do exame quotidiano, mesmo do mais rigoroso, e que, improvisamente, vêm à tona, transtornando os frágeis equilíbrios cognitivos e emocionais adquiridos com fatiga. De fato, existe na mente uma memória insondável que recolhe vivências lançadas no profundo, num esquecimento ignorado, e que, de repente, impõe ao olhar da consciência o absolutamente imprevisto. Nada se perde na vida da mente. E no momento em que algo vem à presença, aquilo que tinha sido esquecido pode revelar-se com uma intensidade maior daquela de quando foi vivido (Zambrano, 2007, p. 55). É nesses momentos de desorientamento que a disciplina da reflexão mostra uma utilidade precípua, pois evita que o sujeito se submeta ao impacto do evento interior imprevisto, desencadeando o processo de autoinvestigação, que permite manter a vida da mente, tanto quanto possível, na esfera dos atos livres.

A reflexão tem o poder de reduzir, ainda que só um pouco, a nossa autovulnerabilidade, isto é, o tornar-se vulnerável da mente diante dos próprios pensamentos, isso é o que Epiteto salienta ao afirmar: "Uma vez que ganhares tempo para refletir, mais facilmente serás senhor de ti mesmo" (*Manual*, 20). Quando a disciplina da reflexão é cultivada, pode-se, então, reduzir a força que certos pensamentos têm para nos arrebatar (*Manual*, 10).

Partilhar o pensar

Desde que se começou a refletir sobre o fato de que com as palavras se fazem as coisas, no sentido de que existe um fazer não só com as mãos, mas também com a mente (Goodman, 1978), passou-se a considerar as ideias como possuidoras de uma força performativa sobre o modo de ser. Aceitando pensar que as ideias exercitam uma força performativa, então, pode-se levantar a hipótese de que o trabalho espiritual sobre si, para provocar transformações sobre o ser, passe por um processo de exame e de transformação das ideias. A hipótese de trabalhar as ideias para modificá-las, ao ponto de estabelecer as bases para que se transforme também o modo de ser-aí, encontra atualmente a sua referência fundamental no construtivismo. Este, considerando as ideias como algo construído pela mente e, portanto, também desconstruíveis, legitima um agir sobre os produtos do pensamento que não se limita a examiná-los, mas implica também num trabalho de modificação.

Se o construtivismo permite dar fundamento à tese segundo a qual é possível modificar a vida da mente agindo reflexivamente sobre as ideias, o socioconstrutivismo indica como contexto capaz de facilitar a aprendizagem das práticas espirituais um ambiente social gerador de relações dialógicas. De fato, se o individualismo da teoria construtivista é corrigido pela abordagem intersubjetiva que é própria do socioconstrutivismo – segundo a qual os pensamentos, as posturas cognitivas, os modos de sentir, as aspirações e os desejos, ou seja, tudo aquilo que estrutura a vida da mente constitui-se em relação aos outros, ou seja, ao contexto relacional no qual a nossa experiência toma forma (Steier, 1995) –, então, a prática do trabalho sobre si deveria ser vista não apenas nos termos platônicos de um diálogo silencioso da mente com si mesma, mas também na sua qualidade social, intersubjetiva e, portanto, cultivada dentro de uma *comunidade de práticas de pensamento* através das quais se realiza a autoformação. Assim como a troca contínua com outros permite elaborar o saber e interiorizar as capacidades cognitivas que se materializam nas interações sociais, do mesmo modo, o confronto intersubjetivo facilita a aprendizagem de modos de contemplar a si que podem ter efeitos transformadores.

Para poder-se transformar, não é suficiente a ação reflexiva do tomar consciência da qualidade de vida da mente, porque, se o olhar fosse mantido apenas sobre si mesmo, não seria possível chegar a nenhuma consciência autêntica e encontrar instrumentos e técnicas para plasmar-se a fim de descobrir uma forma melhor. É preciso o outro, nutrir-se daquilo que está fora de nós. A nossa insuficiência ontológica, em virtude da qual nós precisamos irrevogavelmente da relação com os outros, exige que o trabalho do olhar interior seja integrado pelo confronto com outros olhares capazes de alargar o pensamento na direção de outras visões, de outras possibilidades de interpretar a experiência. Para chegar a conhecer a si mesmo, não se pode ficar inclinado sobre si, mas se deve buscar o confronto com outros.

Sócrates diz que a alma, para aprender a cuidar de si, deve olhar fixamente para outra alma e, especificamente, para a parte nobre da alma, lá onde a virtude é gerada; trata-se daquela parte em que se manifesta o pensar eidético, aquele que busca a essência, e o pensar sapiente que orienta os processos deliberativos (τὸ εἰδέναι τε καὶ φρονεῖν) (Platão, *Primeiro Alcibíades*, 133c). A partir da modernidade, a cultura ocidental deu muito destaque ao conhecer que, em termo arendtianos, deve ser entendido como a atividade da mente voltada a adquirir o saber das coisas do mundo para exercer controle sobre os fenômenos; ao mesmo tempo, ela marginalizou o pensar, o meditar as questões de significado que estão na base da busca por sabedoria. Contudo, na parte nobre da mente, onde é possível cultivar as virtudes, ambas as atividades cognitivas têm a sua matriz geradora. Portanto, é sempre momento para decidir cuidar do pensar, daquele pensar meditador que é ingrediente necessário para a busca da arte de viver.

O termo *froneîn* (φρονεῖν), que em grego indica o pensar meditador, tem a mesma raiz do termo que indica a sabedoria, isto é, *frónesis* (φρόνεσις), que Sócrates ensina a buscar através do diálogo com outros. O nosso pensar e o nosso sentir têm sempre necessidade de algo que somente um outro pode dar. Se é possível assumir como regra canônica da prática de autoformação a de "ater-se àquilo que parece o melhor" (Epiteto, *Manual*, 22), então, o confronto com outros se torna essencial, pois o saber em que consiste o melhor é uma questão tal que exige o máximo de pensamento possível, o que nenhuma pessoa pode garantir sozinha. O cuidado de si implica numa ética do compartilhamento. Justamente porque, para o ser humano, a companhia dos outros é uma necessidade vital, o cuidado de si não é praticável numa condição de isolamento, na qual nem o pensar nem o sentir podem se alimentar e florescer. Sobre as questões consideráveis, devemo-nos interrogar interrogando os outros, alimentando um confronto radical e corajoso. Conceber a autoformação em termos solipsista tiraria toda a força do trabalho do pensamento, pois a pessoa é sempre um ser com os outros. o ser concreto da pessoa é um incessante ser-aí-com, no qual o tornar-se das próprias qualidades essenciais é indistinguível do tornar-se das qualidades dos outros com os quais se compartilha o espaço do existir.

Há uma conexão íntima entre o dialogar com os outros e o dialogar consigo mesmo, pois é o encontro com o outro que desenvolve a disposição ao pensar radical que, logo, praticado sobre si mesmo, representa o mais potente entre os exercícios espirituais. Já que o diálogo socrático visa provocar no interlocutor não apenas uma tomada de consciência, mas também transformações no seu modo de pensar, e uma vez que as práticas espirituais são exercícios movidos por uma intencionalidade transformadora, Hadod (2002, p. 44) considera o diálogo socrático como uma prática imprescindível para aprender o exercício espiritual interior. Portanto, se fosse possível falar de comunidade de práticas de autoformação, seria necessário pensar em contextos inspirados na arte socrática, na qual se privilegia o dialogar que provoca reflexões profundas acerca do tecido dos próprios pensamentos.

Coerentemente com o espírito do diálogo socrático, nessas comunidades de pensamento não existem verdades pré-definidas a serem adquiridas, mas um espírito de busca compartilhado que se manifesta numa troca franca e aberta, na qual cada um busca respostas a partir das solicitações do interlocutor, visando elaborar juntos o valor das ideias e experimentar percursos imprevistos de pensamento. Uma comunidade de pensamento é a que inventa o sentido, que busca uma palavra falante e, logo, destina-se a um processo criativo e hermenêutico que nunca acaba. Quase assumindo o método da leitura cabalística, uma comunidade de pensamento tende a desestabilizar o sentido cristalizado nos pensamentos e a vivificar as palavras com explosões de sentido novo, que restituem palavra à palavra, para que ela se torne uma palavra falante e não meramente falada e, portanto, seja capaz de fazer brotar espaços de pensamento vivente e não repetitivo (Ouaknin, 2003, p. 61).

O individualismo que caracteriza a nossa cultura pode levar a uma interpretação solipsista, solitária, do cuidado de si; deve-se, porém, evidenciar a necessidade de ultrapassar os limites de uma visão atomista do si, para levar em conta aquela que se define como ontologia relacional, que conceitualiza a substância plural do ser humano. Justamente em virtude da nossa substância relacional, a prática do cuidado de si não pode ser situada fora de redes de relações. O si objeto das práticas de autocompreensão não é, de fato, uma unidade fechada e autossuficiente, mas pode-se dizer, é o epifenômeno de um processo morfogenético situado dentro de redes de relação. Em outras palavras: cada si é a forma emergente das relações vividas.

> O outro é a companhia da qual todo ser precisa. Ninguém vai sozinho [...], mas sim acompanhado pelo outro, sem o qual não poderia falar (Zambrano, 1989, p. 72).

Sem o outro, é impossível despertar para a transcendência de si. Se o outro é a companhia da qual todo ser necessita, pois, sozinho, não poderia nem mesmo se sentir, então, naquele trabalho ontogenético primário é o cuidado de si, é indispensável a companhia de outros, uma companhia sem a qual não há acesso nem mesmo ao próprio si. Estar em relação com outros é condição necessária não só para conhecer si mesmo, mas também para encontrar as vias da própria autorrealização[15].

Confinar a formação de si no espaço individual significa permanecer limitado dentro do círculo dos próprios pensamentos, vítima das próprias crenças, escravo dos próprios pré-juízos. Discutir com outros permite ex-

---

[15] Certas regras monásticas prescreviam – dando a ela amplo espaço – a conversa com outros segundo o princípio da *collatio* (Waajiman, 2000, p. 914 *et seq*., especialmente, p. 917). A *collatio* das comunidades espirituais é, essencialmente, uma prática compartilhada da busca pela verdade, ou, de qualquer forma, de um conhecimento mais adequado sobre uma questão importante pelo confronto paciente de todo ponto de vista com cada um dos outros (p. 919). A colação, portanto, visa esclarecer a obscuridade pela contribuição de cada um.

perimentar diferentes pontos de vista, que nutrem possibilidades de pensar e de sentir que não floresceriam dentro do espaço restrito de um conhecimento de si redutivamente solipsista. E já que, por mais significativa que uma relação seja, ela alimenta somente uma parte do próprio ser, cultivar uma pluralidade de encontros, sem, por isso, cair na dispersão, produz um enriquecimento experiencial indispensável para o florescer da vida espiritual.

Foucault (2011, p. 54-55) observa a necessidade, afirmada na cultura platônica, da relação com um mestre para realizar o cuidado de si. Contudo, se é possível encontrar um professor competente nas estratégias didáticas necessárias para fazer com que se adquiram os vários saberes disciplinas, é, porém, algo difícil encontrar um mestre capaz de *paideia*, ou seja, competente na arte do cuidado de si. Mestre do cuidado de si é quem cuida do aprendiz de modo a torná-lo capaz de cuidar com paixão da sua existência (Foucault, 2001, p. 54). Porém, para ser capaz de provocar essa educação, ele mesmo deve ter-se exercitado e tido bons êxitos no cuidado de si. Essa competência, difícil de ser adquirida, é também difícil de ser verificada, pois seria necessário identificar pessoas capazes de demonstrar que, com suas ações, conseguiram fazer de alguns de seus aprendizes pessoas excelentes (Platão, *Laques*, 186b). Por essa razão, a educação, não no sentido de instrução, mas de *paideia*, é uma aposta contínua, assim como cada movimento da existência, de fato, é uma espécie de aposta.

O lado emocional da vida da mente

Onde há vida, há movimento, vibração, zunido. Se ativamos o olhar da mente, descobrimos que o nosso espaço interior jamais está parado, vazio ou silencioso: é inevitável encontrar-se preso no pensar, assim como é inevitável sentir-se sentir. O sentir está de tal modo presente na experiência, que somos induzidos a falar de uma excessiva densidade da vida do sentir que envolve todo o campo experiencial. As vivências afetivas nos constituem: nós somos o nosso sentir.

Sempre nos encontramos em uma vivência, mesmo quando ela não parece ter nenhuma qualidade. Segundo Stein (1922a, p. 48), podemos nos aventurar numa experiência mental: agora, enquanto escrevo, estou imersa na redação e não sinto nada, parece que não estou em alguma condição especial. Depois, porém, se somente paro para pensar, percebo-me numa condição precisa: posso sentir o prazer de pensar ou o cansaço de construir pensamentos. E se não interrompo subitamente o pensar reflexivo para imergir-me novamente na redação, posso sentir também outra coisa: posso colher um sentir no plano de fundo, que vem de longe e que dura, e que continuará mesmo depois que terminar de escrever: pode ser um sentimento de tranquilidade, com o perfume do bem-estar que nos liga às coisas do mundo; ou um medo corrosivo de ser, de enfrentar a tarefa maximamente difícil de tornar-me o meu poder ser, um medo que se sente incrustrado nos tecidos da alma a ponto de quase enferrujá-la. Esse sentir do fundo, que colho quando deixo o pensar descer até o coração da vida da mente, não se oferece ao meu olhar interno como algo inicial no mesmo instante em que o percebo, mas sim, como algo já presente, já como parte dos tecidos da alma, mesmo que só agora seja percebido. E eu o percebo como algo que está diante de mim objetivamente, isto é, como um dado, que antes já estava ali. Permanecendo com o pensamento dirigido ao sentir perdurante, pode-se ter a impressão de intuir o próprio perfil existencial e, com relação a esse sentir que perdura, os sentimentos ocasionais parecem descolorir-se, desvanecer. Quando, posteriormente, retiro-me do pensar a vivência no momento do seu acontecer e reflito sobre essa experiência cognitiva, não posso deixar de dar-me conta de que sempre me encontro numa situação emotiva.

Ao pensar na vida da mente, ela facilmente é identificada com o seu lado intelectual, como se o lado do sentir fosse inexistente. Todavia, "o coração é o verdadeiro centro da vida", entendendo como tal termo não um órgão corpóreo, mas o lado afetivo da vida da mente, "o íntimo da alma" (Stein, 1997, p. 107). Stein (1980, p. 47) afirma que "o nosso ânimo é, por natureza, cheio de sentimentos, tanto que um vai substituindo o outro e o nosso coração se mantém em contínuo movimento, frequentemente em tumulto e inquietude". Tal é a importância da vida afetiva para a existência que a globalidade da experiência vivida é fortemente influenciada pelo sentir. Estamos imersos no sentir como um peixe na água. As vivências afetivas se desenvolvem ao longo de todo o vir a ser da vida da mente e elas são partes vivas de tudo aquilo que nesta acontece; nada da vida permanece alheio ao sentir.

As vivências afetivas não são fenômenos transitórios e superficiais, mas são coessenciais à vida cognitiva; não são fenômenos que acompanham ocasionalmente os atos cognitivos, mas destes são partes estruturantes, como o granizo que acompanha uma tempestade (Heidegger, 1975, p. 317). O sentir é o que nos "faz sentir a vida, onde ela está e onde não está, ou onde não está ainda" (Zambrano, 1989, p. 130). Ele tem, portanto, uma função de revelação ontológica.

Segundo a tese heideggeriana, a "situação emotiva" ou "tonalidade emotiva"[16] constitui um fenômeno existencial fundamental, pois o ser humano, enquanto existente, encontra-se sempre num estado emotivo (Heidegger, 1927, §29, p. 172) cuja qualidade essencial pode

[16] N.T.: O termo alemão *Stimmung*, aqui "tonalidade emotiva", é também traduzido na obra heideggeriana em português como "humor" (cf. Heidegger, 1927, § 29).

ir do polo da depressão àquele da euforia, passando pela ansiedade e pela tranquilidade, pela sensação de segurança e de insegurança, de inquietude e de serenidade. Diante de uma análise fenomenológica, a dimensão emocional se mostra constitutiva do ser-aí, no sentido de que o existir é sempre emocionalmente tonalizado, ao ponto de ser possível afirmar que "a tonalidade emotiva se precipita sobre nós" (Heidegger, 1927, §29, p. 175). Os sentimentos são partes tão essenciais do viver que permeiam todo o flui da mente e colorem com a própria qualidade tudo o que tocam, cada ato do pensamento: tanto o perceber como o deliberar, o conjecturar e o recordar. Nada foge do sentir, pois a situação emotiva é aquilo ao qual o ser-aí está entregue.

Essa visão da qualidade da experiência como sempre conotada emocionalmente é contrária à percepção do senso comum, que tende a considerar como fenômenos emotivos somente os estados de ser que ficam evidentes à consciência, porque constituem uma modificação sensível do estado ordinário, como a alegria ou a tristeza, a exaltação ou a angústia, a alegria ou a melancolia. Nos modos da experiência ordinária, as vivências que não provocam modificações sensíveis no estado corpóreo ou no modo de relacionar-se com os outros e com as coisas são colhidas muito vagamente (Scheler, 1955, p. 132). A qualidade das vivências afetivas é a de serem fluidas, difíceis de se captar, invisíveis à consciência, mesmo quando a consciência, em seus tecidos mais profundos, é tocada por elas. Consequentemente, não é fácil ver que a alma está sempre impregnada de sentir, sobretudo, ao se tratar de emoções praticamente imperceptíveis, como uma certa tranquilidade indiferente do fazer quotidiano ou uma sutil melancolia que acompanha alguns momentos do viver.

As vivências afetivas são fluidas, têm uma consistência leve e, por isso, permeiam, mesmo sem serem percebidas, a carne da alma. Mas a leveza delas é densa e gravemente sentida na nossa experiência interior. De fato, as tonalidades emotivas – cuja compreensão é difícil para o sujeito, já que, nelas, ele vive imerso – têm, ainda que não sejam facilmente notadas, uma consistência ontogenética enquanto qualificam o nosso modo de ser, isto é, enquanto inclinam o ser-aí em direções precisas e levam a decisões por uma ou outra maneira de se relacionar com o mundo. Os estados de ânimo são o sentir em que a pessoa vive si mesma, aquilo em que a sua particularidade ontológica se torna extrínseca (Stein, 1991, p. 184); eles não só revelam a qualidade vital da pessoa, constituindo-se como indicadores da energia vital, mas também têm a força de condicionar as escolhas existenciais, uma vez que nos orientam a uma direção precisa.

Em certos casos, o efeito que o sentir exercita sobre o ser é o de provocar uma leve mudança de direção, um deslocamento da orientação existencial que, porém, não altera substancialmente o estilo do ser-aí de uma pessoa e que, por isso, pode ser retomado e modificado, pois permanece num nível bastante superficial do ser. Existem, porém, casos em que, apesar da sua fluidez intrínseca, certas vivências afetivas manifestam uma força que pressiona a pele da alma e condiciona energicamente o modo de ser-aí, o qual, assim, fica marcado pela qualidade dessas vivências e, portanto, encontra-se, de fato, sempre desequilibrado numa precisa tonalidade do sentir.

Sendo assim, uma questão que deve ser considerada é a da potencialidade performativa da vida emocional; justamente por causa da relevância dessa questão para o próprio ser-aí, é necessária uma adequada compreensão dos fenômenos emocionais.

A cultura do sentir

Já na antiguidade sabia-se que o sentir é algo essencial para a vida da mente.

Na antropologia bíblica, o coração é sede da inteligência, ao ponto do Eclesiastes (*Coélet*) afirmar que ele consagrou o seu coração para buscar com sabedoria tudo aquilo que acontece sob o céu, pois o coração é a sede do pensamento. De fato, várias vezes ele repete: "Eu pensava no meu coração".

A importância do sentir e, precisamente, a ideia do coração como gerador de um *sentir que pensa* é amplamente presente na cultura dos Evangelhos. Em Mateus diz-se que os ensinamentos essenciais são coisas que são semeadas no coração (cf. 13,8) e que, portanto, um grave problema se dá quando o coração "se endureceu", porque não se pode compreender senão com o coração (cf. 13,15). As grandes ações são sempre precedidas por decisões em que o sentimento tem um papel determinante; de fato, quando Jesus decide cumprir o milagre da multiplicação dos peixes, fá-lo porque sente compaixão (ἐσπλαγχνίζομαι) (15,32) da multidão. E é sempre a compaixão que move o samaritano a cuidar do doutro. Quando se escuta a palavra verdadeira, aquela que enuncia coisas essenciais, ela é conservada no coração; assim faz Maria que, após ter escutado os pastores, "guarda todos esses acontecimentos, meditando-os em seu coração" (Lc 2,19). Assim, o pensar essencial é aquele que ocorre no coração e, vice-versa, o coração que ajuda na tarefa do viver é aquele que pensa.

Recordemos também que Dante, para empreender a sua viagem, precisa da presença de Lúcia, quem mexe com o seu coração e o coloca em caminho. Não se pode tomar o caminho da busca do sentido da vida sem uma participação do coração. Dante atribui ao sentir uma função primária em nível ontológico, pois, quando fala do "amor que move o sol e as outras estrelas" (*Paraíso*, XXXIII, v. 145), ele identifica no sentimento do amor aquilo que move o mundo, aquilo que dá vida.

Antes ainda, encontramos já em Plotino o conceito de uma "inteligência que ama", que se desdobraria numa "intuição receptiva" da essência do objeto (*Enéadas*, VI, 6, 7, 24). É obscura, mas interessante, a observação que diz que essa inteligência "possui sempre o pensar, mas também o não pensar" (VI, 6, 7, 30), ou seja, um pensar que não segue as regras da inteligência ordinária. Além do fato de que o modo conforme Plotino descreve essa inteligência parece estar muito próximo do pensamento dos míticos, pois considera a possibilidade de uma fusionalidade contemplativa com o objeto, aquilo que interessa desse conceito é a consideração de um pensar que sugere a ideia de uma razão poética, uma razão que sabe amar o real, que se mantém alheia aos modos do raciocínio ordinário, que tende a confiar-se a conceituações rígidas.

Se o sentir é aquilo em que todas as coisas encontram conexão, a cola que mantém unidos diferentes momentos e planos da experiência, então, para desenvolver a capacidade heurística que sabe ater-se à complexidade do real, a inteligência servir-se do olhar do sentir: permanecer nas coisas e amar as coisas.

Com o tempo, porém, na nossa cultura, foi-se afirmando uma concepção negativa da vida afetiva, considerada como a parte irracional da experiência humana e que deveria ser anestesiada o máximo possível para garantir uma postura essencial eficaz e eficiente.

Assim, por séculos, dirigiu-se a atenção quase de maneira exclusiva aos fenômenos do conhecer e do querer (Heidegger, 1975, p. 316). Uma das metáforas longamente usadas para explicar a relação entre emoções e razões foi a do senhor e do escravo, na qual a sabedoria da razão aparece empenhada em controlar os perigosos impulsos das emoções (Solomon, 2008, p. 3). Referir-se a uma pessoa como um sujeito sentimental ou emotivo significa, ainda hoje, atribuir-lhe uma etiqueta que a define em termos negativos.

Somente nas últimas décadas é que a atitude cultural diante da esfera das emoções se modificou, já que estas tendem a não mais serem consideradas componentes irracionais, mas sim aspectos inteligentes da vida. Pode-se dizer que esse novo paradigma interpretativo penetrou em todos os âmbitos da pesquisa e na reflexão em ato em diversos setores profissionais, mesmo naqueles que anteriormente eram os mais hostis ou indiferentes à vida emocional[17].

---

[17] A epistemologia que, por muito tempo, teorizou uma modalidade neutra dos atos heurísticos enquanto considerados condições para adquirir um conhecimento objetivo, agora dá legitimidade ao que se define como um conhecer apaixonado; contudo, isso não se traduz em autorização para o transbordamento das emoções no encontro com o outro e, em geral, nas ações de pesquisa, pois a afetividade se torna um instrumento eficaz que reforça a consciência das coisas se ela é acompanhada da reflexão que examina aquilo que ocorre na mente e na relação com o mundo.

Em vez de uma cognição neutra, livre de qualquer emoção, hoje, tende-se a conceituar o pensar vivo como um pensar emocionalmente denso, pois, se as emoções precisam do pensamento para iluminar a experiência, o pensamento sem emoções não é capaz de penetrar a realidade. Para Heidegger (1927, p. 176), a intuição pura – admitindo-se que seja um ato cognitivo realmente praticável – não é capaz de penetrar nas estruturas mais íntimas das vivências, o que, porém, seria possível para um pensar que ativa a dimensão do sentir. Um “conhecimento puramente racional” sem algum “sentir interior” (Stein, 1962a, p. 71) permanece atado à superfície das coisas, incapaz de compreender profundamente os eventos humanos.

Para o desenvolvimento de uma filosofia das emoções, não se deve ignorar o ensaio que, em 1884, William James escreveu com o título *What is an Emotion?* (“O que é uma emoção?”). Trata-se de uma questão sempre difícil de responder: devemos pensar as emoções como intrusivas ou essenciais à razão; como capazes de construir significado ou como perigosas; elas devem ser evitadas ou devem ser consideradas como parte do nosso ser responsável? (Solomon, 2008, p. 10). Quanto à reavaliação positiva do sentir, Heidegger (1927, p. 178) atribui esse mérito à fenomenologia (como atentos analistas do sentir se revelaram Max Scheler e Edith Stein), contudo considera que se deve a Aristóteles a primeira hermenêutica sistemática do mundo dos afetos.

Martha Nussbaum foi quem desenvolveu de maneira original e analiticamente detalhada a posição aristotélica, colocando em evidência a contribuição de Aristóteles a partir da relação de contraste com a posição assumida por Platão. Para Platão, a possibilidade de chegar a uma sabedoria prática epistemicamente rigorosa exige a eliminação ou, pelo menos, a redução da força exercida pelos afetos, considerados como fonte de perigos incontroláveis. Aristóteles, porém, não só contrasta essa avaliação negativa das emoções, mas considera a sensibilidade ao real, da qual as emoções são capazes, como um elemento importante e necessário para uma boa deliberação prática (Nussbaum, 1986, p. 563). O ato cognitivo da escolha é descrito como ato simultaneamente intelectual e emotivo. Fiel à teoria, segundo a qual é possível falar de sentimentos morais, Nussbaum (1986, p. 565) entende que a sensibilidade oferece uma contribuição essencial para o ato deliberativo, pois permite focalizar características eticamente relevantes do fenômeno em questão. Privar o intelecto prático da contribuição dos afetos significa perder muitos dos elementos úteis para orientar adequadamente a práxis.

Na reavaliação das vivências afetivas, em virtude do aporte que elas podem oferecer à compreensão da experiência, é necessário, porém, evitar cair na posição que, oposta àquela depreciativa, poderia levar a colocar no sentir uma confiança incondicional. Toda visão das coisas, justamente porque se movem a partir de um apoio de pressuposições, é sempre parcial. Por isso, ao adotar uma visão positiva da vida afetiva, é preciso recordar que certas emoções podem constituir um obstáculo para um agir correto. Um exemplo vívido do poder errôneo de certas paixões encontra-se nas *Troianas*, de Eurípides, em que é dito que os Aqueus foram levados a uma crueldade inaceitável por confiarem irrefletidamente num temor infundado que lhes tinha ofuscado a razão; e, como afirma Hécuba, "o medo que não pondera as razões de seu temor é inaceitável" (1165-1166). Existem sentimentos negativos que marcam fortemente o modo de agir. Sentimentos negativos são todos aqueles que interrompem uma boa relacionalidade com os outros, com o mundo; são negativos aqueles sentimentos que provocam sofrimento nas relações, que desencadeiam ações que ameaçam, podendo chegar a destruir a boa qualidade do viver. Nós vivemos de relações e marcá-las com negatividade significa comprometer a qualidade da vida.

Os atos afetivos são uteis ao pensar, tornando-se instrumentos de inteligência do real, quando são objeto de uma análise reflexiva que compreende a qualidade essencial dos mesmos. O simples estar num estado emotivo não permite esclarecer a situação que se está vivendo. O modo de ser-aí, contrariamente a uma visão difusa que o considera determinado a partir do exterior, é movido a partir do interior da pessoa "e, caso se tratem de sentimentos, da parte mais íntima desse interior" (Zambrano, 2007, p. 76). O maior perigo para o ser da pessoa está naquelas pressões sobre o viver que emanam do interior e que, porém, não se tornam manifestas, não mostram o seu rosto. Certos sentimentos são como pedras escravizantes que carregamos conosco sem nos darmos conta do poder que exercem sobre nós: consomem energia, pressionam a alma, decidem a direção do caminho que é a vida. Empenhar-se na disciplina da autoinvestigação significa decidir-se por um viver consciente, que não se deixa mover por aquilo que não se conhece e que não foi livremente escolhido. Pelo amor da liberdade própria de uma vida vivida conscientemente, é decisivo aprender a disciplina da autocompreensão da vida emocional.

Refletir sobre o sentir

Os afetos são considerados um recurso. Mas, para que eles assim sejam, é preciso conhecê-los. Estar à escuta das próprias vivências afetivas ajuda a construir um sentido mais profundo da realidade, a amadurecer uma compreensão mais apurada da própria experiência.

Se apenas paramos para pensar na nossa situação existencial, não podemos evitar encontrarmo-nos emotivamente situados, ou seja, entregues ao sentimento da nossa situação; por essa razão, pode-se falar de "evidência da situação emotiva" (Heidegger, 1927, §29, p. 174). Todavia, o sentir-se numa situação emotiva não deve ser confundido com o compreender-se reflexivamente.

> Um cansaço pode estar presente (e, eventualmente, manifestar-se aos outros através da minha expressão) sem que eu me dê conta. Num estado de agitação ou no decorrer de uma atividade exigente, à qual me dedico inteiramente, talvez eu, de fato, não esteja consciente do estado em que me encontro (Stein, 1922b, p. 169).

O sentir acontece, principalmente, num estado irreflexivo. Diante desse estado, de imediata autopercepção situacional, podemos decidir por aquela prática de autoesclarecimento na qual a consciência reflexiva consiste. O ganho de consciência relativo ao próprio modo de ser-aí exige que o sujeito pare e pense na própria situação emotiva para compreendê-la.

A busca pela "apreensão reflexiva da nossa interioridade" (Heidegger, 1927, §29, p. 175) nos transforma de seres simplesmente viventes, ou seja, que estão irreflexivamente imersos no fluxo da vida, em sujeitos existentes, que respondem à necessidade própria da condição humana de compreender como é quando se vive uma certa experiência. Empenhar-se numa fenomenologia da vida afetiva significa entender como se manifesta o cansaço do viver ou a alegria de ser, o sentido do prazer pelas vivências ou a inércia interior que imobiliza a alma; compreender de onde se origina um certo sentir e quais são as suas consequências para a minha maneira de me relacionar comigo mesmo, com os outros e com o mundo. Quando as paixões não são acompanhadas pela reflexão, corre-se o risco de sofrê-las passivamente, enquanto o exercício da disciplina reflexiva produz o efeito de reduzir e, em certos casos, de transformar a tendência a deixar-se dominar por elas, o que permite adquirir uma adequada capacidade de temperança (Platão, *Fédon*, 69b-c). Talvez não seja por acaso que Platão, no *Fédon*, para designar o pensar reflexivo, use o termo *frónesis* (φρόνεσις), que indica, ao mesmo tempo, o pensamento e a sabedoria; existe, portanto, um pensar que não é o raciocinar, mas sim o refletir pensante que, cuidando (pois *frontízein* significa tanto pensar e refletir quanto cuidar e preocupar-se) do objeto, pode ser gerador de sabedoria.

Viver conscientemente a dimensão afetiva ajuda a estar na realidade de maneira mais vívida e penetrante; pode converter em função positiva aquelas energias que seriam usadas para conter os afetos; além disso, reduz o risco de comportamentos impulsivos, conseguintes também de uma precária educação à autorreflexão.

Contudo, pressuposto essencial para considerar a hipótese de um processo de compreensão da vida afetiva é avaliar se esta tem as características necessárias para ser submetida a um processo de análise ou se, em vez disso, é constituída por uma matéria tão lábil e fugaz que não pode ser colhida racionalmente na sua qualidade essencial. Se seguimos Hannah Arendt, o trabalho de reflexão sobre as vivências emocionais se revela impraticável, pois, segundo ela, sentimentos e paixões não podem tornar-se parte do mundo das aparências como acontece com o pensamento, que se mostra visível na linguagem. Aquilo que, no mundo, torna-se manifesto das vivências emocionais seria apenas o que é elaborado pelas operações de pensamento; em outras palavras, as emoções que sinto não podem mostrar-se na sua própria essência, mas são alteradas pelo processo reflexivo que trabalha para torná-las pensáveis (Arendt, 1978, p. 32). A tese arendtiana evoca Rilke (1923, *Quarta elegia*), quando ele diz que não nos é dado conhecer "o contorno do sentir, mas apenas aquilo que o forma a partir do exterior".

A tese arendtiana sobre a impossibilidade de ter acesso à qualidade essencial da vida afetiva se apoia numa visão extracognitiva das vivências emocionais. Se a vida afetiva é concebida como um fluxo de vivências que nada tem em comum com a vida cognitiva, fica difícil considerar a hipótese de um processo de compreensão, já que a cognição teria dificuldades para colher o *quid* de uma coisa a ela totalmente alheia. Se, porém, nos baseamos na teoria neoestoica das emoções (Nussbaum, 1996), vemos abrir-se, então, a possibilidade de compreender as vivências emocionais, uma vez que a elas é atribuído um núcleo de substância cognitiva.

A tese própria da teoria neoestoica assere que as vivências emotivas não são impulsos irracionais que compelem o ser de uma pessoa independentemente das suas convicções, mas as mesmas têm uma substância cognitiva enquanto estreitamente ligadas a convicções fundamentais para a pessoa, isto é, às convicções éticas que definem o que tem e o que não tem importância (Nussbaum, 1996, p. 44). Por exemplo: avaliar como excelentes as qualidades de uma pessoa desperta no sujeito do ato avaliador a admiração por essa pessoa; reputar num fracasso uma experiência à qual dedicamos muitas das nossas energias gera uma sensação de desencorajamento da qual pode brotar a desvalorização das próprias capacidades, podendo facilmente traduzir-se em diminuição de autoestima. Se, portanto, as vivências afetivas, num primeiro momento, parecem fugidias, inabarcáveis, prontas a desaparecer ao procurarmos compreendê-las, elas, todavia, se observadas a partir do paradigma cognitivo da vida afetiva, mostram-se alcançáveis, sob a condição, porém, de não serem constrangidas dentro do raciocínio definidor para ativar, no lugar deste, uma razão poética que se aproxima do seu objeto por meio de um método adequado ao material e com o cuidado das palavras que usamos para denominar a essência dos atos afetivos.

Segundo Epiteto, por trás de toda ação, seja interior ou social, está um juízo (*Diatribes*, I, 11, 30-33); se algumas coisas não resultassem numa certa maneira conforme com as avaliações que nós elaboramos dos significados dos eventos, nós não empreenderíamos certas ações (I, 11, 37).

> Quando alguém te provocar, sabe que é o teu juízo que te provocou. Portanto, em primeiro lugar, tenta não ser arrebatado pela representação (Epiteto, *Manual*, 20).

Emoções, sentimentos, tonalidades emotivas, paixões podem ser irracionais quando as convicções sobre as quais se fundam são falsas ou injustificadas, não racionais no sentido de que carecem de componentes cognitivos.

Os expoentes da escola fenomenológica que se confrontaram com o tema da vida afetiva concordam, de modo geral, com a tese da substância cognitiva da vida emocional. Dietrich von Hildebrand (1922, p. 71-72), especificamente, considera que toda atitude e, normalmente, todo ato cognitivo de uma certa importância para a pessoa dependem do tipo de atribuição de valor que se confere ao objeto ao qual se refere, ou seja, da sua posição na escala de valores. Se essa concepção é aceita, então aquilo sobre o qual o pensamento se deve concentrar, antes de mais nada, é a ordem das coisas de valor que constituem a nossa referência para examinar a adequação das mesmas e, junto disso, os atos cognitivos através dos quais tais escalas se modificam no tempo.

Também Edith Stein, desenvolvendo o interesse que a fenomenologia mostrou pela vida afetiva, dá voz a essa visão cognitiva das emoções ao afirmar que o sentimento é um estado do eu que movimenta o seu fluxo vital e que a sua força para colocar a pessoa em movimento vem do fato de estar sempre conexo a um valor: "A cada valor corresponde um ato do sentir no qual tal valor chega a uma datidade adequada" (1991, p. 195). A essência dos atos afetivos – entendendo por essência as qualidades que competem necessariamente a uma coisa e sem as quais ela não poderia ser – seria, portanto, a de serem fundados sobre valores e é enquanto tais que eles exercem uma força sobre a atividade da razão (Stein, 1922b, p. 202). A partir dessa teoria, pode-se supor que a intensidade com a qual um sentimento é vivenciado e, portanto, a influência que ele exerce sobre o ser de uma pessoa é diretamente proporcional ao lugar que aquele valor, do qual o ato afetivo é expressão, ocupa na hierarquia axiológica da pessoa. Em outras palavras, mais um valor é importante para a pessoa, maior é a força exercitada pelo ato afetivo a ele conexo, pois "a profundidade do sentimento depende da altura do valor sentido, como a sua força e a sua coloração específica dependem da natureza particular daquele valor" (Stein, 1922b, p. 192)[18].

É do tipo de valor ao qual o sentir é conexo que depende a sua força propulsiva (Stein, 1922b, p. 192), isto é, aquele impulso à ação que os atos afetivos são capazes de desencadear, despertando no sujeito um ato de vontade. Se avalio uma experiência como positiva para o meu ser, posso experimentar um sentimento de alegria tal que, dependendo do tipo de valor ao qual essa avaliação está ligada, tal vivência assume uma força capaz de tornar operante o propósito de cultivar outros tipos daquela mesma experiência. É em virtude da sua essência cognitiva, ou seja, pela sua dependência de uma avaliação, que

---

[18] Posso reconhecer o valor de uma obra de arte, mas sem que isso suscite em mim entusiasmo e prazer estético: isso é sinal de que o valor estético não tem, para mim, uma importância vital suficiente para modificar a qualidade das minhas vivências emocionais. Posso reconhecer um ato de injustiça e identificar os seus efeitos de sofrimento em certas pessoas sem, porém, ser capaz de indignar-me tanto ao ponto de decidir agir: isso é sinal de que a justiça não ocupa um lugar relevante na minha escala de valores. Quando a pessoa é escrava de uma visão enganadora da escala de valores, é possível aclarar o real peso axiológico de certas convicções justamente através da análise das vivências. Uma vez que os sentimentos morais dependem das próprias coordenadas axiológicas, no sentido de que a força vital de um sentimento depende da força vital do conteúdo ao qual tal sentimento é conexo, e já que a força vital de um valor depende da posição que ele ocupa na nossa escala axiológica, então, uma ação autoformativa sobre os sentimentos morais pressupõe uma reflexão atenta da própria arquitetura axiológica.

se pode dizer que o sentir não é irracional. Dito de outro modo, justamente porque o sentir incorpora ideias de valor, a vida emocional não pode ser considerada "a sede de estados confusos, de obscuros e indeterminados arrebatamentos" (Scheler, 1916, p. 124) sobre os quais a razão não pode intervir. Mas, uma vez que o sentir é a expressão de opções de valor sobre ele mesmo, o pensamento pode agir modificando as coordenadas axiológicas.

Dizer que o sentir é racional, no sentido de que incorpora um núcleo cognitivo, não autoriza, porém, atribuir sempre e de qualquer forma uma valia positiva às vivências afetivas, como, contrariamente, parece implicar o conceito atualmente em voga de "inteligência das emoções", pois a valia positiva ou negativa sobre o modo de ser depende de como a mente consegue assentir a um valor ou a uma certa escala de valores. De fato, existem valores que absorvemos do ambiente sem uma adequada reflexão ponderadora; ou certos valores que, mesmo recebendo o assenso após uma análise crítica, com o tempo, tornam-se elementos cognitivos cristalizados que aplicamos quase de maneira automática, sem que nos dediquemos a uma verificação adequadamente rigorosa da sua fundamentação. Quando o sentir depende desse tipo de valores, aos quais a pessoa está passivamente sujeita, então, não se pode falar de inteligência do sentir, uma qualidade que, todavia, é apropriada para um sentimento quando este brota de um ato ponderador dependente do referir-se da mente a valores profundamente meditados.

Dadas essas premissas, pode-se afirmar que trabalhar para identificar a hierarquia dos próprios valores e para individuar a qualidade dos atos afetivos a eles relativos significa colher em profundidade as dinâmicas da própria vida emocional. Se aceitamos pensar que a identidade individual própria de uma pessoa, aquilo que estrutura a sua profundidade essencial, é dada a partir das suas preferências de valor, então, concentrar a atenção do processo de autoinvestigação naquilo que verdadeiramente move o nosso coração significa encontrar um caminho para ter acesso ao núcleo íntimo do próprio ser. Delinear o perfil do próprio *ordo amoris*, isto é, as "regras do preferir e do preterir certos valores" que devem configurar a visão do mundo e, com esta, determinar o modo do próprio ser (Scheler, 1916, p. 119), tornar-se, portanto, ação essencial da prática do cuidado de si[19].

---

[19] Para quem abraça uma perspectiva realista, o *ordo amoris* é o núcleo de ordem que a mente pode colher uma vez que ele está impresso nas coisas; Scheler fala de "valores que aderem às coisas" (1955, p. 115) e de "dignidades de amor existentes" (1916, p. 119) acessíveis a uma mente capaz de ordenar de maneira justa os atos de conhecimento, porque a ordem das coisas estaria "oculta no princípio, mas acessível à descoberta" (1916, p. 125). Para um construtivista, todavia, como todo ato cognitivo, também aquele que preside a constituição da própria ordem axiológica é um ato construtivo e, portanto, sempre limitado pelo parapeito de ideias a partir do qual o sujeito pensa e conhece. Se o limite do construtivismo é, se não

Se a ordem dos valores é concebida como algo sem o qual a vida é empobrecida, então, a atenção ao próprio horizonte axiológico tem uma primariedade essencial. Numa cultura como a nossa, na qual a lógica mercantil tem força para desqualificar os valores "exatamente como a visão natural mecânica desqualifica as qualidades sensíveis intuitivas" (Scheler, 1955, p. 130), pode parecer vão um percurso de autoformação como o aqui sugerido, ou seja, de trabalhar, antes de mais nada, para modelar a própria ordem de valores; mas a *paideia*, desde sempre, é um discurso inatual, obrigado – como nos mostrou Sócrates – a estruturar-se como orientação

---

meditado adequadamente, o de implicar no risco de um relativismo radical, o limite do realismo é o de induzir à consideração de que à mente humana é acessível uma visão isomorfa da estrutura axiológica que "é o núcleo da ordem do mundo" (1916, p. 119). A tese realista, se não meditada criticamente, produz, em nível individual, a presunção de poder ter acesso, com certeza, à ordem de valores das coisas e, em nível coletivo, certos fundamentalismos que impedem a criação de relações dialogicamente construtivas entre perspectivas diferentes. Quando a mente considera ter alcançado a visão de uma ordem objetiva de valores, verifica-se uma estagnação do vir a ser espiritual que pode degenerar-se numa loucura, intrincando e inibindo o pensar numa infundada presunção de saber. Um bom cuidado de si, portanto, não pode prescindir de uma reflexão gnosiológica, que se atualiza como um pensar radicalmente nas possibilidades reais da razão humana. Assim, é reforçada em toda a sua validade formativa a tese da necessidade de refletir sobre a vida da mente, pois, para saber pensar corretamente, é preciso conhecer quais são as potencialidades e os limites da razão.

radicalmente crítica com relação aos ídolos imperantes. Diante do prevalecer de uma interpretação frequentemente demasiado ativista e apressada do viver, na qual o parar para pensar parece desútil, o processo de autoformação pode ajudar a encontrar sentido e direção para o próprio vir a ser ao orientar a que se ocupe de maneira pensante daquela ordem de valores da qual depende a qualidade do próprio ser-aí, de modo a evitar, o quanto possível, a "desordem nas coisas do sentimento" (Scheler, 1916, p. 125) que está na base da desordem do existir.

Em sintonia com a visão neoestoica e com aquela fenomenológica da vida emocional, encontramos a perspectiva psicológica que se qualifica como "teoria cognitiva das emoções", segundo a qual as emoções têm uma substância cognitiva constituída pelas avaliações que o sujeito faz de eventos e fenômenos de vivências (Oatley, 1992, p. 77). Segundo essa teoria cognitiva, o medo, por exemplo, surgiria como consequência ao avaliar uma situação como ameaçadora; a alegria seria experimentável, quando o sujeito avalia um evento como gerador de bem-estar; a indignação, que pode ser definida como um sentimento moral, é consequente ao avaliar um evento como injusto e intolerável. Os assim chamados sentimentos morais são aqueles de que mais perspicazmente se colhe a substância cognitiva da vida emocional, mas, diante de uma atenta análise fenomenológica das vivências emotivas, também o sentir menos elaborado sobre o plano racional, ou seja, aquelas emoções que parecem uma mera resposta a eventos externos, revelam um conteúdo cognitivo.

Oatley (1992, p. 79) escreve que “o núcleo de uma emoção é um estado mental subjacente do qual, como acontece com a maior parte dos estados mentais, apenas aspectos limitados são cônscios”[20]. Enquanto Frijda (1986) considera a emoção como um processo constituído pela codificação do evento, a avaliação da relevância, a avaliação do significado, a preparação à ação e a ação, Oatley (1992, p. 81) propõe considerar a emoção como um estado mental de preparação à ação baseado sobre uma avaliação, que, para ser compreendido na sua qualidade essencial, pode implicar, além da individuação da avaliação subjacente, numa análise fenomenológica do modo do seu manifestar-se, mas que

---

[20] De fato, diante de uma análise fenomenológica, as vivências emotivas se mostram complexas: implicam frequen-temente numa modificação física que envolve o sistema nervoso autônomo e outros processos fisiológicos; tornam-se visíveis por meio de modificações corpóreas (modificações faciais, tons de voz, posturas físicas); podem comportar uma focalização da atenção sobre a vivência que absorve quase completamente a atenção, etc. (Oatley, 1992, p. 79). A atenção aqui reservada ao lado cognitivo da vida emocional se baseia na consideração de que, uma vez que se possa verificar um processo de autocompreensão, o sujeito deve fazer convergir a sua atenção sobre o núcleo avaliativo, pois da avaliação do evento vivido depende não só a qualidade da vivência afetiva, mas também as decisões por ações que a ela são conseguintes.

deve ser desatrelado da consideração de outros aspectos: condições de ativação, elementos de acompanhamento e sequências de ação.

Uma vez que o ato avaliativo que acompanha o surgimento de uma emoção prefigura as possibilidades que se desdobram à consciência do sujeito, é essencial aprender a compreender a qualidade dos atos avaliativos, retornando, o máximo possível, à moldura de critérios normalmente implícitos que são como planos de fundo silenciosos para as decisões. Esse processo de compreensão dos processos cognitivos que acompanham as vivências emotivas é essencial para adquirir conhecimento de si, entendido como consciência dos próprios modos existentivos.

A tese segundo a qual a compreensão das emoções implica na compreensão do núcleo cognitivo subjacente é reforçada também pela psicologia discursiva, que trata as emoções como "entidades psicologicamente equivalentes a afirmações" (Harré; Gillet, 1994, p. 158). As emoções são concebidas como expressões manifestas de juízos e, em muitos casos, ainda que não em todos, são também modalidades para realizar certos aspectos sociais (p. 159). Se o fenômeno emocional implica num fenômeno cognitivo, no sentido de que a qualidade do sentir que provamos é sempre conexa a um conteúdo cognitivo específico, o qual geralmente se apresenta em termos de uma avaliação do evento vivido pelo sujeito, então, é viável pensar na hipótese de que também é possível intervir de maneira transformadora sobre a dimensão emocional, pois o trabalho de modificação da cognição teria como efeito uma modificação da vivência emocional.

Justamente estudando o tema das emoções a partir de uma perspectiva neoestoica e cognitivista, situando essa análise em uma reflexão a respeito do cuidado de si cuja matriz são as filosofias antigas, evidencia-se o valor decisivo das avaliações sobre as dinâmicas da vida emocional. O modo como somos depende das avaliações que formulamos dos eventos, tanto externos como internos. Manter os atos avaliativos elaborados sob o olhar vigilante do pensamento, buscando compreender sobre quais teorias se baseiam e, também, como implicam na qualidade de vida, constitui, portanto, um empenho cognitivo essencial ou pelo menos primário; um empenho com efeitos positivos sobre o ser, verificando se é contínuo no tempo, se é realizado com perseverança, honestidade nas análises e radicalidade em perseguir um conhecimento fiel às qualidades da fenomenicidade experiencial examinada.

A tese segundo a qual se podem provocar transformações relacionadas ao modo de sentir, trabalhando reflexivamente sobre o núcleo cognitivo das emoções, pode ser tachada de racionalismo. Certamente, existe o risco de uma sobrevalorização das possibilidades da razão, uma vez que o racionalismo é algo que "nos está no sangue muito mais profundamente do que enxergamos" (Scheler, 1916, p. 127); entretanto, não se pode deixar de recorrer aos recursos cognitivos, pois isso significaria tratar o lado emocional da experiência como algo absolutamente ingovernável. Sem cair em falsas ilusões racionalistas, sabendo que nos são concedidos apenas alguns instantes de soberania sobre o ser-aí, e sob condição de um constante trabalho do pensamento, trata-se, portanto, de cultivar as potencialidades transformadoras que o pensar pode ter sobre o ser-aí.

O objeto da autocompreensão afetiva

Colocar em foco a essência do processo de autocompreensão da vida emocional significa especificar: *o que* examinar e *como* desenvolver a análise.

Seria possível evitar considerar a primeira questão, assumindo que uma boa prática de autoinvestigação deve ter como objeto a inteira vida emocional. Decerto, um autoesclarecimento total realizaria plenamente os objetivos do processo de autocompreensão, mas isso constitui um objetivo imoderado para a razão humana, e estabelecer objetivos imoderados para a razão humana significa arriscar não atingir nenhuma fagulha de compreensão e permanecer na obscuridade de si. É mais sensato individuar na inteira geografia da vida emocional os aspectos nos quais parece mais significativo concentrar a atenção.

Antes, porém, de encarar tal questão, é necessário assinalar que, ao entrar no campo da vida afetiva, deparamo-nos com a dificuldade que é identificar variados usos de termos que se referem a conceituações distintas, o que torna árduo encontrar uma categorização unânime dos vários fenômenos afetivos. Certamente, não é fácil estabelecer distinções nítidas entre as diversas vivências afetivas. Com as palavras emoções, sentimentos, estados de ânimo ou tonalidades afetivas, paixões identificam-se fenômenos nem sempre claramente distintos uns dos outros; além disso, em alguns textos, o termo emoção é usado para indicar aquilo que, em outros textos, designa-se com a palavra "sentimentos", e os sentimentos, em outros casos, são correspondidos aos estados de ânimo.

Apesar dos limites de qualquer tentativa possível de operar distinções perspicazes, é útil tentar uma categorização dos fenômenos emotivos, pois, mesmo devendo ser assumida como provisória, ela não só ajuda a colocar ordem no discurso, como também constitui uma condição necessária para atuar uma análise fenomenológica da experiência emocional.

A partir de uma análise fenomenológica da experiência, é possível identificar um critério para estabelecer diferenças dentro do fluxo da vida afetiva: as vivências se diferenciam com base na posição mais ou menos reativa ou ativa em que o sujeito se encontra com relação ao objeto do sentir. Existem vivências afetivas com as quais exprimimos reações a eventos, outras que cultivamos intencionalmente diante de objetos bem precisos; existem vivências que vêm como que de longe, do fundo da alma, outras que nos tomam intimamente e nos impulsionam numa determinada direção, quase ao ponto de empurrar-nos. Mesmo sabendo que isso é apenas um dos tantos critérios de ordem prováveis, é possível, de forma individual, com base nele, viver uma essência diferente para os seguintes atos afetivos: emoções, sentimentos, paixões, tonalidades afetivas.

Com a expressão "tonalidade afetiva" é possível indicar um sentir que conota, como se fosse um clima, a alma, sem que sejam identificáveis um objeto e uma direção precisa aos quais esse sentir a dirige. As tonalidades são estados de ânimo sem objeto (Nussbaum, 2001, p. 42), os quais Scheler define como "sentimentos espirituais": isto é, a melancolia e a beatitude (1955, p. 133), por exemplo, podem ser consideradas tonalidades emotivas. As *tonalidades afetivas* podem ser definidas como as qualidades intimamente próprias da pessoa, o modo em que a pessoa sente a vida: a nossa alma tende a ter uma tendência à melancolia ou à aletria, à inquietude ou à tranquilidade, à tensão ou à pacatez. A tonalidade afetiva não é situacional, no sentido de ser ligada a um evento e ao pensamento que tenho sobre o evento, mas é um modo do sentir intimamente conexo a uma maneira de interpretar a vida; é o modo da alma de respirar a vida. A tonalidade afetiva é como a cor da vida da alma. Diferentes podem ser as emoções que me assaltam durante o dia, as paixões que me tomam até chegarem a desequilibrar a vida interior, os sentimentos nos quais invisto as minhas energias, mas por baixo de tudo isso está a qualidade afetiva do meu ser, que impregna qualquer vivência. As tonalidades afetivas podem ser mais ou menos persistentes: as mais duradoras constroem o substrato da vida da mente. Individuar e examinar as mais persistentes permite delinear o próprio perfil afetivo íntimo[21].

O termo *emoção* pode indicar um sentir improviso e de duração variável, que se manifesta como consequência do dar-se repentino de algo que nos envolve e ativa a nossa receptividade sensível. As emoções implicam sempre num pensamento intencional, ou seja, num pensamento voltado a um objeto, com relação ao qual se exerce uma forma de avaliação (Nussbaum, 2001, p. 41). Sendo assim, é identificável um objeto ao qual a emoção se refere, mas não uma direcionalidade precisa, intencionalmente perseguida; pode-se dizer, em termos heideggerianos, que a emoção tem um "de onde" bem preciso, mas não um "aonde" ao qual o sujeito intencionalmente se dirige. Mas mesmo se a sua duração for breve, uma emoção pode ser de grande intensidade; em certos casos, o instante vivido permanece inscrito na carne e a mera recordação basta para reativar a percepção da qualidade do ato afetivo.

O sentimento é um ato afetivo conscientemente cultivado pela mente no processo de tecelagem das relações com os objetos da nossa experiência: os outros, antes de mais nada, mas também as coisas. São sentimentos: a admiração, a indignação, o amor, a descon-

---

[21] Para uma análise mais extensa das vivências afetivas, cf. *La sapienza del cuore* ("*A sabedoria do coração*") (Mortari, 2017).

fiança. Nós somos seres relacionais e o modo de estar nas relações é orientado por uma tendência a interpretá-las e a vivê-las de uma certa maneira. O sentimento é um ato afetivo com o qual nos dirigimos ao outro de um certo modo, portanto, é um ato afetivo não reativo como a emoção, mas conscientemente nutrido pela mente. Pode ser *mirado*, quando é identificável um objeto preciso ao qual se refere: admira-se uma pessoa, experimenta-se gratidão por algo; pode ser *tensional*, ao manter a mente orientada ao aberto: a esperança tensional não é aquela orientada a algo preciso (esperar em/por), mas é um sentimento que mantém o ser aberto à possibilidade de tornar-se plenamente (esperar que); existe a confiança numa pessoa precisa e existe a confiança na abertura do possível. Os sentimentos podem ser distinguidos em *sentimentos relacionais*, que se dirigem aos outros, e *sentimentos ontológicos*, voltados ao ser, às coisas que são. Enquanto os sentimentos relacionais definem a qualidade das relações, os sentimentos ontológicos nos fazem assumir uma posição específica diante da existência. Há a gratidão a um amigo e a gratidão fundamental à vida; existe o ressentimento com alguém e o ressentimento diante da condição na qual o ser-aí se encontra. Quando um sentimento ontológico é cultivado por muito tempo, ele pode tornar-se uma tonalidade da alma, chegando até a qualificar a essência da vida interior.

Também as *paixões* orientam o ser a algo segundo uma certa direção, mas prevalece aqui a dimensão do padecer em vez do tender, pois, em certos casos, a intensidade do sentir é tal que subjuga a mente ao ponto de que nos sintamos compelidos. As paixões são forças que o coração padece, no sentido de ser submetido à força de vivências intensas como o ciúme, o ódio, o terror, a euforia, as quais, em certos casos, têm a força de aumentar a tendência ao risco própria do ser humano. Dependendo da intensidade da paixão, é possível ser dominado por ela e, nesse caso, reduz-se, ainda que não se anule, a possibilidade da mente de mover-se segundo atos livres.

Assumindo o ponto de vista platônico (*Fédon*, 66c), a *paixão* pode ser definida como um sentimento excessivo, e esse descomedimento, assim como pode mover as energias da alma necessárias para realizar algo que o sujeito considera importante, pode, ao mesmo tempo, desencadear comportamentos negativos, romper o estado de bem-estar e provocar sofrimento. As paixões têm um elemento de problematicidade devido à intensidade e à força que exprimem; por essa sua íntima falta de medida, são devoradoras e podem terminar anulando a própria vontade. Nesse sentido, as paixões são irracionais, levam a lugares onde a razão não iria. Todavia, como qualquer outro ato afetivo, as paixões também podem ser objeto da regulação da razão, pois, como afirma Plutarco, a parte passional da alma se deixa modelar por aquela racional (*Sobre a paz da alma*, 442c). A prática do pensar naquilo que se sente despotencializa a força avassaladora de uma paixão.

Uma vez que as paixões são sentimentos carecidos de uma medida, uma das virtudes a se cultivar é a da temperança, que consiste em conseguir dar a justa medida às paixões e moderá-las (Platão, *Fédon*, 68c). As paixões são originadas de desejos desordenados ou temores desmedidos que impelem a excessos e subjugam a alma, tornando passivo o sujeito que as vive. Elas desequilibram a alma porque trazem uma imoderação verificada no instante em que o sentir se separa do pensar reflexivo, aquele que contém, que dá uma medida; nesse sentido, as paixões podem ser definidas sentimentos que escaparam da função reguladora e contentora da razão reflexiva. De Monticelli (2000, p. XLIX) as define como "dobras habituais do querer": elas têm um efeito perturbador, pois nem sempre estão em harmonia com as preferências de valor em que nos reconhecemos ou gostaríamos de nos reconhecer.

Todavia, as paixões não são apenas elementos problemáticos do ser-aí, porque nada de significativo é feito sem que se nutram grandes paixões. A paixão é tensão vital, um "a mais" de energia dinâmica capaz de mover o ser do sujeito na direção de algo avaliado como tendo um valor particular: pode-se, por isso, falar de paixão pelo pensar, paixão pela política, paixão pela arte etc. Certas paixões são movidas por desejos que respondem ao chamado de construir mundos de sentido. Trabalhar nas paixões significa, então, examinar o desejo, individuando o seu objeto e ponderando se e em que medida ele tem valor na tarefa existencial de composição do sentido da vida. Voltar à fonte dos desejos significa compreender o núcleo gerador das nossas energias tensionais.

Toda vivência emotiva é importante o suficiente para ser examinada: as emoções, porque nos revelam imediatamente os critérios de valor e os nossos modos de responder aos eventos externos; os estados de ânimo, pois indicam a coloração da vida emocional de uma pessoa; não menos importante são os sentimentos e as paixões, porque têm a força de dirigir o modo de ser-aí em direções precisas. Se uma análise das tonalidades emotivas me diz como estou, aquela dos sentimentos me revela algo da minha orientação fundamental, das minhas tendências e da minha consistência relacional; enquanto a análise das paixões me fornece uma ideia daquilo que me mantém em tensão ou me desequilibra ou me faz sofrer porque me coloca em desmedida.

De acordo com as implicações que as vivências emocionais exercem sobre a qualidade do ser aí, podem-se distinguir um *sentir positivo* e um *sentir negativo* (distinção essa que se encontra em muitos autores, como Heidegger e Zambrano): são positivos os sentimentos que fazem bem à alma e permitem estar nas relações de maneira prazerosa; são negativos os que são obstáculos para a possibilidade de uma boa relação com si mesmo e com os outros. Existem, também, aqueles que Simone Weil (1972, p. 74) define como "sentimentos baixos", como a inveja, o ressentimento, o rancor, não sendo outra coisa além de energia degradada que, enquanto torna árida a vida da mente, polui o espaço relacional, gerando sofrimentos inúteis.

No que diz respeito à função que desempenham no ser, pode-se dizer que os sentimentos e os estados de ânimo positivos alimentam, decerto, o pleno florescer do humano, enquanto os sentimentos negativos perturbam o estado de bem-estar e, todavia, podem construir experiências positivas para a própria atuação existentiva se conseguem tornar-se objeto de uma reelaboração consciente e crítica da qual tomar atitudes construtivamente orientadas diante da existência. Os sentimentos baixos, por sua vez, têm sempre uma função negativa, pois consomem inutilmente a energia interior, com o resultado frequente de degradarem as relações intersubjetivas.

Stein sugere distinguir as vivências emocionais até mesmo segundo o grau de profundidade em que se dão no nosso ser, enquanto estruturado em partes mais íntimas e profundas e partes mais externas e superficiais. No centro da pessoa, Stein situa a alma e afirma que os sentimentos que nascem na alma têm a qualidade de serem "profundos" e, por isso, de permear todo o ser-aí, enquanto os sentimentos que não brotam dessa profundidade seriam "periféricos" e, enquanto tais, não concorrem para qualificar a essência da pessoa (Stein, 1991, p. 185). Os estados de ânimo e os sentimentos que se desenvolvem no fundo da alma, lá onde habitam os pensamentos que qualificam a essência íntima da vida espiritual, são definidos como "fundamentais" (p. 184), pois neles se expressa a particularidade individual de uma pessoa. Von Hildebrand (1922, p. 73) chama de "profundo" tudo aquilo que não só se desenvolve na profundidade da pessoa, mas também que apresenta um peso maior do que o resto. Nussbaum (2001, p. 21) elabora uma distinção análoga ao estabelecer uma diferença entre *emoções de fundo* e *emoções situacionais*. Essa distinção teórica exprime uma determinada verdade, pois, ao pensarmos no nosso acontecer, percebemos que alguns modos do sentir nos são próprios e nos caracterizam, têm como uma raiz profunda na alma.

Uma mesma tipologia de vivência afetiva é capaz de ser de fundo ou situacional. Pode-se viver uma doçura inquieta de breve duração, por estar ligada a um evento bem definido, como o lento cair dos flocos de neve que abafa o barulho do mundo ou o espalhar-se das pétalas da cerejeira no vento úmido de primavera, ou então, sentir a mesma qualidade de inquietude permeando a alma no profundo e acompanhando cada vivência de superfície. Pode-se viver uma alegria superficial que não deixa rastros no ser ou sentir-se permeados por uma alegria espiritual que vem do coração da mente. Pode-se sentir amargura por algo que nos atingiu sem que essa vivência perdure, de modo que outras tonalidades emotivas predominem imediatamente na mente, ou ocorrer que se sinta a alma inteira amargada e se rastreie a matriz geradora dessa amargura numa avaliação sofrente do nosso viver, avaliação esta que terminou por enraizar-se na carne da mente. Existem momentos em que as vivências de fundo são tão intensas que inundam o inteiro espaço interior, chegando a colorir qualquer outra vivência periférica.

As vivências afetivas de fundo são aquelas agarradas à carne da alma e que, enquanto tais, caracterizam-nos, ou seja, comunicam a nossa qualidade afetiva essencial; as vivências afetivas situacionais são aquelas ligadas a experiências particulares, mais ou menos intempestivas e que não chegam a tocar o núcleo das nossas crenças mais vitais. Se aceitamos essa distinção, então, uma parte essencial do processo de autocompreensão deveria ser dedicada a individuar os modos do sentir que nos identificam e, entre esses, indicar aqueles fundamentais ou de fundo vividos por nós com mais intensidade e mais continuidade. Individuar as vivências fundamentais significa colher a própria coloração afetiva, porque as vivências essenciais revelam "a marca da característica individual" (Stein, 1991, p. 180). Colher os estados essenciais, distinguindo-os daqueles situacionais, não é fácil, contudo, conseguir compreender quais são eles e qual é a qualidade do sentir de fundo significa chegar à própria qualidade individual essencial.

Pode-se supor que, em cada um de nós, exista um *coração da vida da mente*, cuja substância é dada pelas nossas convicções fundamentais e pelo sentir que lhes acompanha. Buscar individuar as vivências afetivas fundamentais significa, então, procurar aproximar-se do núcleo mais íntimo do coração da mente, no qual estão recolhidas as convicções que dizem respeito àquilo que tem valor na vida; e esse trabalho de gradual aproximação ao núcleo vivo da nossa vida interior é a via a se seguir para realizar a autocompreensão que, apenas ela, é capaz de abrir fendas de luz sobre a matéria emaranhada que é o nosso ser-aí.

Contudo, o interrogar-se a respeito do que tomar por objeto de investigação conduz-nos a outras questões; por exemplo, não é possível evitar refletir se a atenção deve ser distribuída em todo o sentimento, se ela deve recair nos sentimentos positivos, que fazem bem ao ser, ou naqueles negativos, que perturbam a possibilidade de uma boa atuação existentiva[22]. Se olha-

---

[22] Qualquer distinção elaborada com relação à vida emocional deve, de todas as maneiras, ser tomada com a devida cautela, pois não é possível distinguir *a priori* a qualidade ontológica de uma vivência

mos para a relação que a mente estabelece com os sentimentos e as tonalidades emotivas positivas, estas não se mostram como uma preocupação investigativa urgente, pois, justamente enquanto oferecem um sentido positivo do ser-aí, elas não interrogam problematicamente a mente, o que torna necessário a dedicação de esforços de compreensão a elas. Realizando uma análise fenomenológica das vivências afetivas positivas, damo-nos conta de que o sujeito as vive sem perceber a necessidade de pensar nelas: isso está na ordem das coisas; todavia, nesse viver irrefletido, "deixa-se passar a alegria, a felicidade, a ocasião de fortuna e de revelação da beleza, sem extrair delas a experiência devida", aquela que permitiria, talvez, identificar e cultivar os modos de ser que constituem a matriz geradora de tal sentir e, assim, poder segurar "aquele grão de saber que fecundaria toda a vida" (Zambrano, 1989, p. 112). Portanto, seria necessário investigá-los para compreender de onde se origi-

---

emotiva, seja ela uma tonalidade ou um sentimento; a qualidade de uma vivência depende da situação em que se verifica e da inteira experiência afetiva de uma pessoa. Uma vivência de sofrimento, por mais aguda e lacerante, é colocada dentro de uma experiência de vida na qual a segurança interior e a confiança são as características dominantes, tem efeitos menos negativos sobre o sentido de si mesmo do que uma vivência de sofrimento não particularmente aguda, mas que se situa numa história experiencial cujo sentir positivo é algo raro e de breve duração. Como todo outro aspecto da vida, o aspecto emotivo também é situado e, como tal, deve ser indagado e compreendido.

nam, quais as direções experienciais os geram e quais os modos do agir interior e do agir relacionam e criam contextos de vida que facilitam tais vivências.

Deve-se, todavia, considerar que as vivências emocionais positivas são particularmente difíceis de serem examinadas, uma vez que, quando as vivemos, encontramo-nos imersos nelas o máximo possível; é como se percebêssemos que ativar o olhar analítico tem como efeito o de interromper ou reduzir a intensidade com a qual as sentimos. Sob a ação analítica da reflexão, o fluir da experiência interior se modifica: quando, por exemplo, a alegria se torna objeto da reflexão, a qualidade própria desse sentir positivo se transforma: torna-se menos vívido, quase "se apaga sob o olhar da reflexão" (Husserl, 1913a, §77, p. 186).

Justamente por implicar na interrupção do livre fluir do ser, o ato reflexivo põe a termo o deixar-se viver na alegria e esse sentir, tornando-se objeto de um olhar pensante, sofre uma diminuição de intensidade vivida, mesmo se a intensidade de significado permanece intacta. Simone Weil (1972, p. 78) escreve que "existem alegrias – e são as mais preciosas – que, imaginadas, são muito pálidas; todo o seu valor está na sua presença". Parece que os sentimentos positivos sejam quase danificados pela reflexão, pois a reflexão interrompe a vivência e, portanto, quebra o prazer de saborear situações de fazem estar bem. Não por acaso é que, ao pedir a alguém para descrever a vida emocional, qualquer pessoa se concentra nas vivências problemáticas, e não nas boas, para as quais parece não ter palavras capazes de dizê-las; de fato, quando acontece de vivê-las, fica imerso nelas com um prazer imediato.

Por outro lado, a consciência tende a fugir dos sentimentos baixos, porque perturbam a nossa identidade. A tendência é evitá-los, sem perceber que, ao tentar fugir deles ou opor-lhes resistência, acaba-se por afundar sempre mais neles. A primeira condição para enfrentá-los é não fugir da periferia de si mesmo, mas aceitar a vivência que se colhe, mesmo se ela nos perturba e nos acarreta sofrimento; é preciso permanecer dentro delas, na vivência, escutando aquilo que nos acontece, e acompanhar, com a disciplina da reflexão, essa nossa decisão de permanecer ancorados a nós mesmos. Com relação aos outros atos afetivos, de cuja consciência nos inquieta, deve-se ativar, portanto, com um esforço de vontade, a atenção crítica necessária para identificar as suas dinâmicas geradoras e os seus efeitos performativos.

Os sentimentos negativos, por sua vez, impõem-se vividamente à consciência, fazendo sentir a necessidade de entender o que está acontecendo; por colocarem em crise o sentido interno de bem-estar, a autocompreensão que temos deles se torna algo essencial. A necessidade de compreender é implacável diante do sofrimento: da inquietude interior mais suportável à desesperação mais excruciante, do mal-estar provocado pelo dessossego que não deixa a alma tranquila nem mesmo por um instante à depressão que faz com que sinta a vida longe, estranha. Se a alegria é algo que desejaria simplesmente viver o mais intensamente possível, sem que nada arranhe a vivência pura, ao viver a dor, a dor da mente, então, a necessidade de compreensão assalta inevitavelmente o pensar.

A dor no corpo faz mal, mas também faz mal a dor da mente. Essa dor grave e muda brota da atividade do pensar, do pensar radical que interroga sobre o sentido do ser-aí, daquele mesmo pensamento ao qual, depois, pedimos conforto. Quando, pensando na forma do nosso acontecer, sentimo-nos submersos no tempo que passa, sem poder apreender formas de consistência perdurantes e adequadas, quando vemos os nossos esforços na busca de sentido dissolverem-se sem terem tempo de serem traduzidos em algo dotado de uma certa estabilidade, então, a dor do viver se espalha pela mente. Trata-se de uma dor que pode agir tão profundamente na alma ao ponto de anestesiar o desejo de existir. É um sentimento impalpável, seco e mudo, mas pensante na sua força performativa. Pode insinuar-se lentamente nos tecidos da mente, como o lento cair de uma gota sobre a outra, mas, depois, quando a alma percebe a sua presença, é como se uma onda a submergisse, deixando-a sem ar. Quando, na dor, sente-se todo o peso do ser-aí, o sofrimento se encarna de tal maneira nos tecidos da mente que há a percepção de encontrar-se diante de uma situação irreversível, da qual parece impossível escapar.

A força que a dor exerce é tal que é como se estivéssemos encurralados e, sob esse sufoco, não nos déssemos conta daquilo que nos acontece no íntimo: a ação da dor enfraquece as energias da mente e, nessa fraqueza, tende-se a afrouxar, se não a interromper completamente as relações com as coisas e com os outros. O mundo se torna distante: parece que as coisas já não podem mais ser tocadas e os outros se tornam intangíveis, quase como se pertencessem a um outro mundo. É assim que a experiência da dor se torna uma coisa só com a do sentir-se isolado. Em certos casos, o isolamento é buscado intencionalmente, pois a falta de energia leva ao desejo de uma espécie de imobilidade da alma, que seria impossível na presença das relações, enquanto essas alimentam continuamente a existência, chamando o sujeito a agir ou, ao menos, a reagir. A imobilidade a que se chega ao sucumbir à dor não é, porém, a quiete relaxada a que se aspira, mas um arrastar-se da vida interior, um encolher-se da alma sobre si mesma. Nesse sentido, o isolamento só agrava a fraqueza da mente, que se torna sempre mais indefesa diante da dor, numa espiral que, para ser interrompida, exige muitas energias.

Devido à sua substância relacional, para enfrentar a dor, o ser humano precisa, antes de mais nada, de boas relações, aquelas que ajudam a mente a encontrar a energia para voltar a respirar a vida. Por isso, é essencial pertencer a uma comunidade que saiba exprimir a capacidade de cuidar, uma comunidade de relações que permanecem fazendo uma rede mesmo para quem busca o isolamento. Nem sempre, porém, existe a possibilidade de ancorar-se num bom terreno relacional e, mesmo quando ela existe, não basta confiar-se aos outros; é preciso buscar em si mesmos a forças para retomar o caminho. Por isso, é essencial levar a atenção sobre a dor para compreender aquilo que acontece.

Exercitar a disciplina da reflexão deveria manter a alma suficientemente acordada para ter consciência da ação desempenhada pela dor. Compreender o que acontece não anula decerto o sofrimento, mas pode reduzir a sua potência captora, pois o pensamento é ação e, como tal, surte efeitos sobre a vida da mente. Observar aquilo que acontece dentro de nós e tornar-se conscientes das dinâmicas da vida interior provoca efeitos transformadores, pois nos coloca numa situação de autopresença, e o ser presente a si mesmo desenvolve uma força que amortece o poder normalmente devastador e aniquilador dos sentimentos mais dolorosos.

A inteira esfera dos sentimentos que colorem a experiência deveria ser objeto do processo de autoinvestigação, mas uma atenção específica deve ser reservada àqueles que Stein (1922a, p. 51) define como “sentimentos vitais”, ou seja, aquelas tonalidades afetivas que qualificam o modo de sentirmo-nos com relação ao mundo, como o cansaço e o alívio. Muito depende dessas tonalidades afetivas, pois, quando nos sentimos cansados, fatigados pelo viver, então, o nosso ser-aí tende a arrastar-se preguiçosamente e a dobrar-se sobre si mesmo, praticamente sem querer tocar as coisas, pois todo movimento do viver custa muito em termos de energia vital; por outro lado, ao sentir alívio na alma e a mente experimenta-se uma alegria pura, faz-se viva a tendência a ser-aí e cada vivência assume uma coloração de prazerosa vitalidade.

Enquanto o cansaço impele o sujeito a retirar-se do mundo e até de si mesmo, se isso fosse possível, o alívio é uma fonte contínua de vigor, da qual brota uma tendência contínua ao movimento do existir. Em ambas essas polaridades do sentir vital, a respectiva tendência é igualmente intensa, com a diferença que, no caso do cansaço, a tendência é orientada no sentido defensivo, enquanto no caso do alívio, ela segue uma linha expansiva e aberta na direção do mundo.

Concentrar a atenção na vida da mente para colher as qualidades emocionais fundamentais, as que decidem as tonalidades do nosso ser, permite atingir o próprio núcleo essencial, a nossa íntima essência. Dedicar o pensamento às tonalidades afetivas vitais significa entender o que as nutre e o que é obstáculo para elas, e esse tipo de compreensão é importante, pois chegar a qualquer clareza a respeito das conexões existentes entre certos eventos e o sentir vital pode facilitar uma direção de si mais vigilante. Nesse sentido, o esforço de compreender é uma forma de virtude, já que permite individuar o que deve ser evitado e o que deve ser cultivado para buscar uma boa qualidade afetiva do ser-aí, aquela que nos faz sentir conciliados com a realidade.

O método do processo de autocompreensão

Para termos acesso à qualidade das vivências afetivas, a fenomenologia sugere-nos o método adequado, que consiste em observar e descrever o fenômeno assim como ele se manifesta. O sentir aparece, tem o seu modo de manifestar-se à consciência e, como tudo que aparece, também possibilita ao pensamento a datidade que constitui a matéria essencial para a compreensão. Descrever essa fenomenicidade significa indicar *como* me percebo enquanto vivo um estado emotivo, ou seja, como me percebo fisicamente e também na alma.

A essência do sentir jamais se revela completamente; o que fica escondido é "o de onde e o aonde" do sentir (Heidegger, 1927, §29, p. 173), ou seja, de onde se origina esse preciso estado emotivo e a qual modo de ser no mundo ele nos conduz. Para adquirir um conhecimento adequado nesses aspectos da fenomenicidade emocional, que tende a permanecer velada, parece necessário aplicar o princípio fenomenológico da transcendência: aquele que nos pede ir além da evidência para facilitar a intuição de aspectos não imediatamente manifestos. Na realidade, nada pode ser colhido de uma vez só na sua inteireza, pois o aparecer do real sempre deixa algo oculto. O princípio de transcendência, interpretado à luz da psicologia cognitiva e da teoria neoestoica das emoções, exige que se busque o conteúdo cognitivo ao qual o sentir está ancorado e se compreenda a qual modo de ser ele tende a orientar a pessoa.

A descrição pode articular-se em quatro direções (Harré; Gillet, 1994, p. 162-163): (a) decifrar como a vivência afetiva é percebida fisicamente (por exemplo, a exaltação comporta uma agitação física); (b) descrever a expressão típica com a qual a vivência afetiva se manifesta, externa-se, tornando-se, portanto, um fenômeno socialmente reconhecível (por exemplo, a exaltação pode ser expressa rindo ou chorando, saltando, apertando os punhos); (c) identificar o conteúdo cognitivo, normalmente uma avaliação, subjacente à vivência afetiva (por exemplo, uma emoção de exaltação implica no juízo de que algo particularmente belo aconteceu, no qual o sujeito tem alguma responsabilidade); (d) designar o ato social que a expressão da vivência afetiva desempenha, ou seja, a força elocutória daquilo que é dito ou feito (por exemplo, a exaltação pode exprimir o ato social de autocongratular-se, de mostrar aos outros o sucesso obtido).

A essas direções de investigação seria possível acrescentar uma quinta, especialmente significativa no plano existencial: (e) individuar o poder performativo possível de uma vivência afetiva sobre o próprio modo de ser e, assim, avaliar em que medida essa vivência, com o seu correlato cognitivo, ajuda a dar um sentido bom, positivo ou uma orientação negativa, problemática, à experiência.

Levar a atenção à dimensão corpórea do sentir é importante, pois as vivências emotivas geralmente se traduzem somaticamente: o meu coração dói quando estou triste, o medo o faz tremer, a simpatia o aquece, ele respira levemente ao experimentar alegria, mas se endurece ao sentir raiva. Todavia, apesar de que as vivências emotivas tendem a transbordar no corpo, nem sempre isso acontece; por essa razão, o primeiro ponto do processo de análise deve ser assumido como uma indicação possível, mas não necessariamente constitutiva do mesmo. Na verdade, é necessário perguntar-se de maneira mais genérica e, portanto, menos vinculativa, como o sentir se manifesta, sem imediatamente focalizar o pensamento na dimensão corpórea. De fato, quando o pensamento pensa o sentir, pode ocorrer que o colha no seu manifestar-se como um fenômeno mental, cujo modo de revelar-se à atenção reflexiva é tal que não denota imediatamente de maneira significativa a sua dimensão corpórea, esta que, porém, pode tornar-se manifesta num segundo momento.

Existe uma inquietude do ser-aí que é percebida no corpo, como agitação e tensão muscular, como um tremor do estômago que torna a respiração ofegante; e existe uma inquietude que se dá na mente, quando os pensamentos não sabem parar e afobadamente se encavalam e se acotovelam uns sobre os outros, produzindo uma desordem interior capaz de atrofiar a respiração da mente. Existe um prazer sensível apreciado no relaxamento do corpo e em perceber os músculos distendidos e livres de qualquer tensão; e existe um prazer do ser-aí experimentado na mente a sentir que, dos próprios pensamentos, brota algo significativo no qual se encontra consistência: é o prazer que permite sentir o próprio ser abrir-se às coisas.

Supor um sentir intelectual não significa pressupor que a dimensão corpórea deva ser percebida como diversa daquela cognitiva, pois mente e corpo estão sempre unidos. O próprio Platão, quem teorizou a cisão entre alma e corpo, é quem nos recorda de não nos arriscarmos pelos terrenos escorregadios de uma ontologia dualista. Com efeito, quando ele descreve o estado da alma no momento em que se encontra diante de algo admirável por sua beleza, ele a representa como algo que não é de forma alguma imaterial, pois se trata de uma alma de carne, que se deixa percorrer por um arrepio e por um calor que embrandece as suas partes mais endurecidas (*Fedro*, 251a-e). A carne da alma, umedecida e esquentada pela vista da beleza, "para de sentir dor e se alegra" e, alegrando-se, faz germinar as asas que a levarão ao alto (251d).

O ser humano respira a sua essência de maneira espiritual (Stein, 1962b, p. 386), mas a sua vida é uma vida espiritual imersa na matéria: nesse sentido, a alma tem um corpo. A energia espiritual tem uma substância corpórea: onde há uma alma, há um corpo humano e onde há um corpo humano, há uma alma (p. 390). Um ser espiritual sem corpo seria um puro espírito, não uma alma. Contudo, a intensidade com que um aspecto ou outro se manifestam pode variar e, assim, capturar diversamente a atenção reflexiva. Não carece de evidências o poder experimentar um sentir intelectual, um sofrimento ou uma alegria que parecem não ter conexão alguma com a dimensão corpórea, e é justamente esse sentir incorpóreo que nos faz perceber a essência imaterial do nosso ser-aí.

A reflexão que transforma

Uma boa descrição fenomenológica é a que analisa todas as dimensões do sentir, considerando cada uma delas em relação às outras, em correlações recíprocas, íntimas. Um exemplo vívido desse tipo de descrição nos é oferecido por Edith Stein:

> Se me sinto cansada, então o fluxo vital parece, por assim dizer, bloquear-se; arrasta-se preguiçosamente e tudo aquilo que entra nos vários campos dos sentidos é afetado: as cores se desbotam, os sons são abafados e toda impressão, todo dado que se impõe ao fluxo vital, digamos, contra a sua vontade, é dolorido, indesejado; toda cor, todo som, todo contato faz mal. Quando o cansaço desaparece, dá-se também nas outras esferas uma transformação e, uma vez que se reconquista o alívio, o fluxo inicia a pulsar de forma vivaz, avança sem freios e tudo aquilo que se apresenta traz consigo apenas o sopro do alívio e da alegria (Stein, 1922a, p. 50-51).

É sempre necessário perseguir uma pura descrição fenomenológica, pura no sentido de que se atém às evidências que o olhar reflexivo colhe, colocando entre parênteses toda tendência a buscar explicações que implicam na adesão a pressupostos metafísicos que, como tais, são empiricamente inverificáveis. Tal é, por exemplo, a hipostatização que Stein (1991, p. 188) faz de uma "predisposição originária" que imprimiria um "momento qualitativo último irrevogável" capaz de identificar de modo estável e, portanto, não evolutivo a essência da pessoa.

Mesmo praticada com rigor, a descrição da vida emotiva não é alheia a autoenganos. Também na análise das vivências emocionais são possíveis formas de autoilusão. Pode ocorrer querer focar a atenção num sentimento superficial cujo sentir nos faz experimentar prazer, e esconder-nos de sentimentos profundos que, se deles nos damos conta, perturbariam a consciência. Ser capazes de aplicar o princípio fenomenológico de transcendência significa também ter a coragem de lançar o olhar "atrás das periferias da nossa consciência" (Scheler, 1955, p. 115) e mantê-lo concentrado também com relação aos lados de si mesmo que não se desejaria colher. Ao percebermos um sentimento ou uma paixão que julgamos não compatíveis com a imagem que construímos de nós mesmos, pode acontecer que tiremos dali o olhar e minimizemos o peso da presença dos mesmos no nosso ser-aí. Os movimentos do pensar não se limitam a ver aquilo que aparece, mas constroem áreas claras e áreas escuras na vida da mente. A incapacidade de aceitar o perfil do próprio sentir torna vácuo todo esforço de exame interior. Nenhuma técnica de análise da vida da mente pode substituir a virtude da honestidade, que nos faz manter desperta a atenção mesmo sobre as vivências emotivas que não gostaríamos de sentir e, logo, sobre os conteúdos cognitivos subjacentes[23].

---

[23] O descrever, mesmo se qualificado como um ato silencioso confinado no espaço da nossa mente individual, é um ato linguístico e, portanto, serve-se de palavras. É com as palavras que damos voz aos estados emotivos e aos núcleos cognitivos subjacentes. Toda-

O efeito que a prática de autodescrição produz deve ser considerado, pois, se a atenção reflexiva, por um lado, surte o efeito de diminuir e suavizar a intensidade da vivência, uma vez que, para observá-la, precisa colocá-la distante de si, por outro, introduz um nível de autocompreensão que incrementa a intensidade do sentir, tornando-o mais vívido ao olhar interior, ocasionando a geração de quase outro modo do sentir. Quando, bem no meio de uma ação, deixamos cair um olhar no espaço da mente, ainda que seja breve, pode acontecer que sintamos dentro de nós uma tempestade de sensa-

---

via, uma dificuldade se apresenta justamente no uso da linguagem, pois a nossa é uma linguagem do mundo externo, uma linguagem espacial (Scheler, 1955, p. 108). Uma vez que o dizer não desempenha apenas uma função denotativa, mas também é estruturante com relação aos fenômenos que denomina, então é essencial meditar nas palavras que usamos, para encontrar as que sejam capazes de dizer a específica qualidade de uma vivência, em vez de assumi-la dentro de conceituações que arriscam não saber pronunciar a sua essência. Não se trata somente de evitar o uso de palavras demasiado cheias de significado que obscurecem a qualidade do dado, mas também de buscar palavras novas ou usos inéditos das mesmas, pois, quando, diante de uma vivência, não sabemos encontrar as palavras capazes de dizer a sua qualidade essencial, então, ela não pode sequer ser identificada (Scheler, 1955, p. 143). A análise fenomenológica se torna, portanto, uma coisa só com o trabalho com as palavras, que existe a ativação de uma postura poética, já que é próprio da poesia buscar as palavras e as combinações de sinais que saibam dizer aquilo que, até pouco tempo atrás, parecia opaco ou indizível. Buscar as palavras que saibam dar voz mesmo aos tons mais sutis potencializa a capacidade de autoexame.

ções, um dar-se simultâneo de diferentes rumores existenciais. Quando, para não nos sentirmos submersos por esse caos, tomamos tempo com o pensar meditativo e intencionamos um ato reflexivo com relação às vivências, é possível perceber que a algazarra vai-se atenuando e as vivências se fazem tão pouco perceptíveis, que nos parece não ser possível colher a nossa consistência afetiva. O desvanecer da consistência das vivências sob o olhar da reflexão parece atuar-se, sobretudo, ao se tratar de emoções situacionais, enquanto, quando o objeto de atenção são tonalidades emotivas conexas a experiências cognitivas fundamentais, aquelas ligadas ao núcleo do próprio *ordo amoris*, então, a reflexão produz o efeito de intensificar a consistência das mesmas.

Dessa maneira, ocorre que descrever uma vivência de alegria incrementa a sensação de prazer, como se existisse uma alegria de segunda ordem conseguinte ao ter constatado a possibilidade de viver esse modo do sentir; analogamente, o descrever a vivência de ansiedade pode intensificar a sensação de mal-estar que essa tonalidade emotiva problemática produz, justamente porque a compreensão que revela a essência da vivência perturbante evidencia toda a sua problematicidade no plano existencial. É como se a atenção reflexiva do sentir gerasse um outro plano da vida emocional, o qual, devido a ser consequência de uma autoinvestigação que produz uma visão vívida e perspicaz da vivência, constitui uma experiência de essência diferente. A reflexão, portanto, não interrompe o sentir dissolvendo-o, mas modifica a qualidade que se percebe do mesmo[24].

Se a intensificação da qualidade da vivência se mostra prazerosa quando o ato reflexivo tem por objeto um sentir positivo, isso pode ser percebido como um problema no caso de um sentir negativo, porque, tornando-o mais vívido, o sofrimento pode ser percebido como mais grave. Stein, especialista dos atos depressivos profundos (De Monticelli, 2003, p. 97), explica essa condição como um estado de cisão entre a vida que se vive e o próprio ser

---

[24] Com relação a tal questão, Max Scheler assume uma posição diferente ao afirmar que: "Não porque prestamos mais atenção nos nossos estados emotivos ou tomamo-los mais em consideração nós os sentimos mais – ao contrário, a atenção faz com que os sentimentos se dissolvam [...]. A atenção, por si mesma, não torna os sentimentos mais ricos e mais vivazes, como acontece com os conteúdos da representação; pelo contrário, ela os destrói" (Scheler, 1955, p. 117). Na verdade, uma fenomenologia das vivências emotivas mostra que, quando dedicamos atenção ao sentir, se a atenção não tem decerto poder para modificar a qualidade da vivência emotiva, ela, todavia, produz o efeito de torná-lo mais vívido, permitindo o delinear-se de um conteúdo mental que, quando retomado na mente, tem o poder de fazer reviver, mesmo se de um modo diferente da experiência originária a vivência emotiva objeto de reflexão. Se fosse verdade que a atenção destrói os sentimentos, então, ninguém sentiria a necessidade de refugiar-se em atos de remoção, que retiram o pensar de certos estados emotivos. Prestar atenção à dor não destrói coisa alguma dela; em vez disso, sob o olhar da reflexão, os seus contornos parecem ficar mais nítidos, e exatamente essa nitidez possibilita a compreensão.

profundo. Descobrir uma forma de descontinuidade entre os planos do ser-aí, por meio do processo de autoinvestigação, experimentando a percepção de não conseguir suscitar a vida da própria parte essencial, das próprias preferências existentivas, por estar constrangido debaixo de aparências inautênticas, pode gerar uma vivência de sofrimento íntimo e desolador, mais doloroso de se suportar do que a própria depressão. Essa percepção poderia induzir a evitar a prática reflexiva e, até mesmo, a buscar silenciar o sentir. É necessário, porém, aprender a resistir a tal tentação, pois a experiência de reflexão, com todas as dificuldades em que pode implicar, como a intensificação das vivências de sofrimento, é existencialmente essencial, já que, sem o pensar que se volta sobre a vivência, certos sentimentos não seriam saboreados plenamente; além disso, ela é esteticamente essencial para amadurecer uma posição consciente diante da vida emocional, da qual nada se deve pretender anular. Todo o sentir deve ser protegido (Zambrano, 1989, p. 92), mesmo aquele que, revelando inconsistências, carências desmedidas, faz-nos perceber as fraquezas da nossa forma de vida, pois o ver e aceitar o que nos acontece é a condição necessária, mesmo se não suficiente, para encontrar as estradas ao longo das quais faz florescer o próprio ser. Ademais, saber persistir na autoinvestigação com um pensar que cuida do espaço interior pode trazer à alma um tempo brando de calma líquida.

Entretanto, para que esse fatigoso trabalho de autoaceitação não seja sempre rendição ao ser atual, mas um abrir-se ao ulterior, a disposição a aceitar-se deveria ser articulada com o trabalho do pensar que se mantém concentrado em duas perguntas essenciais: o "que fazer?" orteguiano, que evidencia a atividade de buscar a direção do próprio ser aí; e a pergunta sugerida pelas reflexões steinianas, que interroga "de qual profundidade do nosso ser nós vivemos?". Enquanto a primeira pergunta está na base das escolhas que orientam o agir, na busca dos próprios modos de atuação existentiva, a segunda está na origem do meditar reflexivo com o qual se faz uma parada no próprio caminho para avaliar qual percurso tomar para continuar a estrada do existir.

O logos do sentir

O coração da compreensão da vida afetiva consiste, do ponto de vista da teoria neoestoica, em ir a busca dos atos cognitivos que estão na raiz das vivências emocionais. De que ato cognitivo vem a inquietude que sinto colorir constantemente a alma? Pode ser uma determinada visão da vida: se assim fosse, então, seria necessário definir a essência de tal visão e, posteriormente, entender como amadureceu, ou seja, avaliar se há sentido e se por alguma razão é justo mantê-la no coração da mente. Quando sinto que falta confiança, não em algo particular, mas na própria vida, consigo compreender de que avaliação das coisas essa falta se gera? E quais pressupostos estão na base dessa avaliação? E por quais vias elas se instalaram nos espaços mais íntimos da mente?

Se a descrição da fenomenicidade com a qual o sentir se oferece ao olhar exige que o ato cognitivo analítico se atenha às evidências, ir à procura do seu núcleo conceitual e reconstruir a avaliação subjacente obriga a render operativo o princípio de transcendência, ou seja, a ir além daquilo que aparece, mesmo deixando-se guiar pelos modos evidentes de datidade da vivência. Se aplicar o princípio de transcendência é sempre árduo, é ainda mais difícil quando aplicado ao material fluente e líquido das vivências. Uma vez que o material da vida da mente é uma realidade tão fluida que parece inconsistente, muitas são as formas de autoengano nas que o processo de autoexame pode cair. Enganamo-nos quando uma análise apressada termina por construir cenários cognitivos fantasmáticos; na verdade, essencial seria tomar-se tempo para uma análise não só dilatada em duração, mas também honesta e capaz de desembaraçar as vivências e o sentir para chegar ao núcleo cognitivo que realmente as move.

Segundo Platão, o conhecimento verdadeiro é um girar em torno das coisas (*Fedro*, 248a). Mas a possibilidade, para a mente, de percorrer um movimento circular que a permita girar diversas vezes em redor da coisa, cumprindo aquele número sacro de voltas necessárias para elaborar uma visão perspicaz da qualidade essencial da mesma, é possível somente se o objeto do conhecimento é algo estável, algo como os entes que sempre são, dos quais Platão fala; por outro lado, as coisas do devir não são facilmente investigáveis, aquelas coisas que mudam no tempo (247e), ainda mais se não pertencem ao mundo externo, objeto da percepção sensível.

A vida emocional é um contínuo devir e, enquanto tal, segundo a epistemologia de matriz platônica, não entraria entre as coisas que podem ser conhecidas, o que tornaria legítima a objeção arendtiana, segundo a qual o pensamento vê apenas aquilo que constrói no ato de examinar as vivências. Se, porém, admitimos a existência de sentimentos fundamentais, de fundo, que, mesmo manifestando, às vezes, tons diferentes, apresentam-se com uma certa uniformidade, é possível também para a esfera das emoções repetir diversas vezes o ato reflexivo sobre um objeto que conserva no tempo uma própria qualidade contínua e, assim, realizar o pensar que gira em torno da coisa.

É necessário deter-se sobre o conceito heurístico do girar em torno para adaptá-lo à matéria delicada do sentir. O girar em torno não deve ser entendido como um movimento obsessivo que prepara a mente para expugnar o objeto; no *Fedro*, o girar em torno é um ato passivo: as almas "param voltadas sob a abóbada celeste, são tomadas de um movimento circular e podem contemplar"

(247c). Nessa visão platônica do conhecer, existe toda a passividade do ato cognoscitivo, a passividade necessária para configurar um modo delicado de aproximar-se da frágil consistência das vivências afetivas. O conhecer exige passividade, o deixar-se ser levado em torno da coisa na qual a mente, disposta de maneira receptiva, acolhe a datidade com a qual o fenômeno de oferece ao olhar. Examinar um fenômeno sem imposições de lógicas a ele estranhas significa deixar aparecer a aparência de modo que o olhar possa recebê-la exatamente da maneira que ela se oferece.

Todo fenômeno, mesmo o mais inconsistente e imaterial, como o sentir, manifesta a própria essência numa datidade que a mente deve aprender a acolher. E o gesto da mente que se deixa levar em torno da coisa é uma atenção receptiva e concentrada, como os olhos arregalados da criança capaz de admiração. Somente uma atenção continuada e orientada pela paixão por entender tem a possibilidade de colher, ainda que jamais inteiramente, o devir interior no instante do seu acontecer. A realidade fluente, continuamente multicolorida, que é o fluir das vivências emocionais, exige uma atenção ilimitada, o olhar mantido que não conhece concessões à divagação; porém, não um olhar que se declina na forma de uma imposição violenta, mas o olhar que é como o raio oblíquo da luz da aurora, "aquela borda em que a própria luz cintila" (Zambrano, 1986, p. 31).

Mas uma vez que a vivência é um contínuo fluir, ao contrário das essências platônicas, que não conhecem a usura do tempo, os sentimentos fundamentais requerem um investigar não apenas circular, mas também linear, que se move ao longo de uma linha do tempo interno à consciência, seguindo o andamento evolutivo de um sentimento o do seu conteúdo cognitivo subjacente, pois, como o sentir, também o pensar se modifica continuamente em relação às avaliações de significado que a mente realiza com respeito à experiência vivida.

A análise da vida emocional é, portanto, uma prática espiritual complexa, pois pede que atuem atos heurísticos diferentes: o observar que gira em torno (movimento circular) e o observar do devir no tempo (movimento linear). A necessidade de diferenciar o modo de investigar fica evidente, também, ao analisar sentimentos superficiais, isto é, periféricos e de breve duração, e isso porque cada vivência está colocada em canais de um fluxo do pensar e do sentir que não conhece saídas de continuidade.

Um ato do sentir deve ser considerado não como um evento definido e delimitável, ou seja, que pode ser descrito através de uma análise que separe a vida interior em atos discretos, mas sim como uma onda da corrente da vivência, uma onde cujo dinamismo estruturante sobre o nosso ser-aí é compreendida apenas em relação com o seu antes e o seu depois. A descrição, para permitir um conhecimento adequado, jamais deveria ser atuada como descrição de um instante finito, mas sim de um fluxo de ondas emocionais e, como tal, exige um longo tempo de concentração interna da consciência[25].

Por exigir um longo tempo de concentração interna, que considera cada momento da vida da mente na sua íntima relação com o antes e com o depois do fluir interior, é difícil que a compreensão chegue rapidamente, segundo as nossas expectativas, enquanto é fácil ocorrer a experiência de prolongados momentos de opacidade. Nessas situações, é necessário não deixar-se tomar pela ansiedade de chegar logo a um conhecimento adequado. Existem vivências complicadas e envolventes, para as quais é inútil esperar soluções hermenêuticas em tempos breves. Aprender a ficar numa espera recolhida com relação à vivência, que acontece sem nada pretender, evitando qualquer aceleração hermenêutica, é essencial para exercitar a prática espiritual da passividade que, apenas ela, é capaz de preparar a mente para uma compreensão vívida e profunda das coisas.

---

[25] Precisamente porque o conhecer jamais é uma representação isomorfa do fenômeno que indaga, mas um processo de construção de cenários, o ato reflexivo que individua uma vivência é um ato construtivo da mente, que define confins lá onde os fenômenos têm a característica de não terem confins precisos. Essa qualidade do ato cognitivo deve ser levada em conta, mesmo dentro de um gnosiologia enativista, segundo a qual o conhecimento implica, ao mesmo tempo, intervenção sobre o objeto e adequação ao seu modo objetivo de apresentar-se ao olhar da mente.

Outro dado importante a ser considerado é a diferente tendência do sentir (Stein, 1922a, p. 68). Existe um cansaço da mente que é bastante superficial e que a deixa aberta sobre o mundo, portanto, receptiva e reativa diante das solicitações que vêm dos outros e das coisas; e existe um cansaço da mente que a leva a sentir as próprias energias interiores tão exauridas, ao ponto de quase extinguir todo nível de sensibilidade. Como as diferenças de intensidade são diferenças qualitativas de ser, é importante saber identificá-las para, posteriormente, ir atrás da sua matriz geradora. É certamente difícil distinguir todos os níveis de intensidade da tendência do sentir, mas, por meio de uma prática disciplinada da reflexão, é possível aprender a individuar as gradações da própria vida afetiva.

Não é indiferente o fato de que quanto mais intensa é uma vivência afetiva, mais nós nos encontramos imersos nela, pois, enquanto o primeiro nível consciencial, que é o sentir-se sentir, intensifica-se como alertado pela tendência com a qual estamos vivendo, a reflexão, por sua vez, fatiga para encontrar um seu espaço. A dificuldade no esforço de compreensão da vida emocional consiste justamente em que quanto mais intensas são as vivências, e quanto mais tornam árduo para a pessoa o estabelecimento de um espaço reflexivo, maior é a energia exigida ao ato do pensar. Porém, o ganho que vem desse trabalho reflexivo fica, depois, evidente, pois mais se reflete, mais a consciência de si toma forma, e quanto mais clara e desperta é a consciência, mais intenso é o viver.

Dada a extensividade com a qual o pensamento ordinário tende a usar a categoria de causalidade, também o processo de compreensão das vivências tende a ser submetido à aplicação de tal categoria. Quando há cansaço na alma, é fácil buscar aquele evento que se identifica como causa ou estabelecer uma conexão causal entre o cansaço e a incapacidade naquele momento de prestar atenção. Ainda que seja necessário assumir com cautela raciocínios de tipo causal para explicar as vivências e, em geral, para a experiência humana, todavia, parece que certas conexões individuadas são legítimas. Talvez o problema epistemológico não consiste tanto em introduzir ou não explicações causais, mas no fato de buscar uma explicação não causal-linear, mas multifatorial e, depois, possivelmente, buscar conexões entre os eventos de tipo probabilístico. É possível que, por meio de uma análise acurada do fluxo das vivências, chegue a individuar o que podem definir como *conexões evidentes*, que explicam de maneira plausível as razões pelas quais a alma se encontra a viver certas vivências; nesse caso, elementos estariam à disposição a partir dos quais repensar o modo de dar forma ao próprio ser-aí. Contudo, uma vez que é difícil encontrar "conexões essenciais" (Stein, 1922a, p. 69), é preciso ser cauteloso na hora de formular explicações, pois, ao faltar evidências certas, corre-se o risco de construir paisagens fantasmáticas que podem levar a decidir-se por ações desordenadoras.

A energia vital

O pensar intensivamente concentrado no processo de autoinvestigação é tão mais capaz de descrever e de compreender as vivências quanto mais a mente dispõe de "força vital" (Stein, 1922a, p. 57). Porque, como explica Aristóteles (*Ética a Nicômaco*, I, 8, 1098b 15-16), o que caracteriza a essência da vida da mente não são somente as ações (πράξεις), mas também as energias (ἐνεργείας), forças dinâmicas que possibilitam outros atos do existir. Se a força vital é concebida como a reserva de energia necessária para todo ato de existência, que nutre os sentimentos vitais, então, o processo de autocompreensão deveria dedicar a ela uma atenção intensa.

A força vital é uma energia espiritual que mantém o fluxo da vida psíquica e se, como afirma Stein (1922, p. 70), as vivências se nutrem dela, é, porém, também verdadeiro, a partir de uma fenomenologia da experiência, que ela toma energia ou perde energia das próprias vivências e que, reciprocamente, o sentir positivo alimenta a força vital assim como o negativo a diminui. Ao ativar o olhar reflexivo, podemos ver como a força vital se consome no decurso de uma atividade, por exemplo, quando está empenhado em pensar; mas, da atividade que ela torna possível, ela tira, por sua vez, nutrimento quando a pessoa percebe que, da dedicação a pensar naquele conteúdo ou a da atividade mental declinada numa certa direção, decorre um ganho de ser.

Há vivências emocionais, como as negativas e as passionais, que desequilibram a vida da mente, absorvem a força vital e deixam exaustos; há vivências, as positivas, como certas emoções vividas totalmente de maneira casual ou certos sentimentos que cultivamos intencionalmente que, por sua vez, dão vigor à mente. Os sentimentos que nutrem a força vital são aqueles essenciais para o viver, como o ar que respiramos: a confiança e a esperança. Onde há confiança e esperança, há força vital e vice-versa: a força vital é indispensável para sentir esperança e confiança; uma vez que a lei morfogenética da vida se manifesta num acontecer circular em que cada elemento está com os outros numa relação de codependência evolutiva, onde há força, sentido de vigor, é mais fácil cultivar um sentir positivo. Encontrar a fonte da qual tirar esperança e confiança é uma coisa só com o nutrir a alma com força vital, a única que, por sua vez, torna esses sentimentos resistentes aos impactos por vezes difíceis e dolorosos da experiência.

A vida da alma implica num consumo contínuo de força vital. Mas tal consumo, quando é acompanhado da prática da autoinvestigação guiada pela intenção de cuidar de si, gera modos existentivos que fazem germinar fontes de energia das quais a alma recebe sempre força nova. Viver recolhidos no profundo significa ter acesso à fonte da força vital da alma e procurar o método para nutri-la, a fim de que ela seja matriz geradora de boas formas do ser-aí. O que nutre a alma ou o que tira dela energia não são necessariamente coisas grandes, eventos de insigne relevância, mas também pequenas coisas e gestos singelos. Esforçar-se para conhecer as fontes da qualidade do nosso ser-aí significa conhecer si mesmo.

A qualidade da força vital condiciona a vida da mente, mas, por sua vez, é condicionada pelo tipo de atividade cognitiva efetuada e pelas vivências emotivas que a acompanham. A força vital pode distender-se por um *continuum* de graus de vitalidade, que vão do alívio, sensação de vigor, ao cansaço, que pode se tornar esgotamento e, para determinar a qualidade e a intensidade da energia espiritual concorrem as vivências da mente, segundo uma reciprocidade morfogenética de tipo recursivo. Monitorar a condição da nossa força vital é essencial para compreender a qualidade da existência. Assumindo que tal condição está em relação com a qualidade das vivências mentais, então, individuar quais vivências cognitivas e afetivas a consomem e quais a nutrem se torna uma tarefa prioritária para poder encontrar a justa direção do cuidado de si.

Como em qualquer atividade cognitiva, também, nesse caso, pode acontecer de se enganar, e isso ocorre quando o pensamento, em vez de descrever fielmente os modos de datidade da força vital, deixa-se condicionar por ilusões nutridas silenciosamente. Faz-se necessária, então, uma segunda reflexão: isto é, que não se dirige sobre o conteúdo do pensar, mas se ocupa dos modos de datidade do ato reflexivo, para atuar "uma epistemologia crítica da percepção interna" (Stein, 1922b, p. 171).

O trabalho de descrição analítica das próprias vivências aqui delineado constitui a fenomenologia da experiência interior que representa a condição imprescindível de todo ato de autocompreensão. Compreender a vida emocional não significa construir tabelas classificatórias das emoções, dos sentimentos e das paixões, mas compreender a conexão dos fenômenos emocionais com o movimento fundamental do ser-aí.

A compreensão é adequada se evita confiar-se à lógica da análise atomista e simplificadora de tipo moderno, que considera um fenômeno como sempre decomponível em distintos elementos separáveis uns dos outros, e que identifica a origem de um estado emotivo ou no ambiente ou na interioridade, como se fosse possível pensar num sujeito distinto do seu ambiente quando, na verdade, o ser acontece sempre *em relação* com outros, pois a relacionalidade é a substância da condição humana. Procurar compreender de onde vem uma situação emotiva e para onde ela conduz exige entender qual mundo de significados permeia a troca relacional na qual o sujeito se encontra.

Devido à primariedade ontológica da dimensão relacional, a análise do sentir que nutrimos com relação aos outros assume uma função decisiva. Pode acontecer que, de trás da máscara da própria visão narcisista, não seja possível ver a real qualidade dos nossos sentimentos relacionais. Tendemos a reconhecer em nós aqueles que a comunidade a que pertencemos considera aceitáveis, construindo, assim, aquele tipo de autoengano que, logo, traduz-se numa inautenticidade do viver com os outros. "É sempre necessário um longo caminho de confronto crítico para chegar a esclarecer os nossos próprios sentimentos" (Scheler, 1955, p. 11), desvelando as construções emocionais com as quais nos enganamos a respeito do nosso modo de ser.

Examinar o sentir relacional significa também buscar compreender quais dos sentimentos que atribuímos ao outro são, na verdade, projeções de nós mesmos e, portanto, entender qual é a nossa real capacidade empática, a que se realiza no sentir autenticamente a qualidade do sentir do outro, respeitando, porém, desse outro ou outra o seu estatuto de ser alheio a nós mesmos. A "cegueira emotiva" (Scheler, 1955, p. 118) tem implicações graves com relação ao próprio ser-aí, pois impede não só um olhar franco acerca de si mesmo, mas também a possibilidade de estabelecer boas relações com os outros: aquelas que ajudam a crescer.

A capacidade de sentir a qualidade do real é definida por Zambrano (1949) como "piedade". Ela é diferente da empatia, que consiste no sentir a qualidade do sentir do outro; a piedade vê e colhe a alteridade do outro no seu perfil essencial. Ela tem uma capacidade não só de hermenêutica emocional, mas também ontológica. A piedade é a capacidade de sentir a realidade na sua heterogeneidade, de perceber a singularidade de todo outro alheio a mim. É um *pensar sensível* ou uma *sensibilidade inteligente* às qualidades do real. Sem essa sensibilidade que Zambrano denomina piedade, o pensamento não seria capaz de dar-se conta da essência singular e única de todo ente que é. Nesse sentido, o conhecimento verdadeiro do real é possível somente mediante um pensamento que sente.

O pensar que transforma

Compreender a dimensão emocional do ser-aí é imprescindível porque, considerada a potencialidade performativa das vivências afetivas com relação ao modo de ser com os outros no mundo, o passar de uma condição reflexiva a uma compreensão reflexiva permite o ganho de uma posição existentiva consciente, autoesclarecedora. De fato, a alma sente a necessidade daquele tipo de autocompreensão que acompanha o encontro com o próprio ser-aí. Essa autocompreensão é condição para adquirir um olhar livre, que não há quando se permanece rigidamente presos no viver irreflexivo. Irreflexividade significa ignorância de si e a ignorância se torna imobilidade traduzida em intranscendência (Zambrano, 1986, p. 30). Autocompreender-se significa transcender, isto é, fluir conscientemente no ser. Perdemos capacidade de estar na realidade sempre que nos rendemos a estar dentro de pensamentos e estados afetivos não meditados.

Todavia, além da reflexão que compreende, da qual se falou até aqui, existe também uma reflexão que é diretamente funcional a projetar o próprio agir, aquela que pode ser definida como *reflexão antecipadora*, pois busca antecipar as possíveis consequências de uma vivência emotiva sobre o plano do agir, caso se decida consentir a ela. Somente depois de ter ponderado atentamente as possíveis consequências de uma orientação emocional do ser-aí é que se deveria decidir como agir, ou seja, se aderir ou não a ela (Epiteto, *Manual*, 29). As ideias, não apenas aquelas explicitamente normativas, mas também as descritivas, exercem uma força performativa. A reflexão que leva a qualidade de tal força diante da evidência da consciência reduz o poder performativo das ideias que age tacitamente; é, portanto, com a reflexão que se pode obter a liberdade de si, da qual fala Epiteto, quando sugere que não nos deixemos arrebatar pelas ideias, mas que estejamos atentos e nos concedamos um tempo antes de agir (*Manual*, 34).

A reflexão não desempenha apenas uma função hermenêutica, que consiste em compreender a qualidade de um ato cognitivo e de uma vivência emotiva, mas também uma função programática, ao fornecer os elementos para o exercício do juízo reflexivo que estabelece o que é bom fazer e o que não é, o que é justo e o que não é, o que é belo e o que não é. A reflexão que busca antever as consequências possíveis da adesão ou não a uma orientação do sentir e, de cada consequência, pondera as implicações para a pessoa e para o mundo em que ela vive, é essencial para preparar a uma decisão bem pensada, pois antes se devem "examinar as premissas e as consequências, depois passar à ação" (*Manual*, 29). Ao chegar a uma decisão sem um adequado tempo de reflexão, corre-se o risco, mesmo se a orientação tomada for justa, de embarcar numa aventura não sustentada pela própria força vital; por outro lado, para que uma atividade possa nutrir o ser-aí, é preciso dedicar-se a ela com toda a alma (*Manual*, 21); condição esta que se dá somente após uma acurada avaliação reflexiva que prepara uma ação bem medida.

Se é verdade que a alma tem uma razão (Heráclito, frag. 115), é próprio da prática de autoformação buscar uma razão reta, justa, pois não há sabedoria sem um *logos* justo (ὁ ὀρθὸς λόγος) (Aristóteles, *Ética a*

Nicômaco, VI, 1, 1138b 29), aquele que dá medida ao movimento do ser.

Contudo, para cultivar uma razão que sabe pensar de maneira justa, isto é, adequada ao objeto, e no momento justo, é preciso tempo, no sentido de que as práticas de autoinvestigação devem ser exercitadas até se tornarem partes estruturantes do próprio si, até se transformarem em "carne e sangue" (Stein, 1962b, p. 452). O pensamento que pensa o sentir nos ajuda ao se transformar em prática colocada sistematicamente em ato para apreender a própria qualidade essencial. Quando não se trabalha para cuidar da própria vida interior no tempo ordinário, por considerar que certos exercícios cognitivos são totalmente inúteis, ocorre que, nos momentos difíceis – quando certos sentimentos negativos se difundem na alma ou a dor explode ali dentro, aquela dor que, para ser enfrentada, exige saber olhar bem fundo, estar consigo de uma maneira tão intensa para conseguir manter unidos os fragmentos da experiência – é árduo encontrar o estilo de pensamento e a força cognitiva necessários para chegar a um domínio adequado da situação. O sentido das práticas de cuidado de si consiste em modelar disposições interiores que preparam para enfrentar o difícil imprevisto da experiência. Segundo Plutarco (*Sobre a paz da alma*, 465b), que atribui ao pensamento uma relevante força performativa, se não nos preparamos antecipadamente, cultivando práticas cognitivas que se tornam instrumentos habituais, é difícil encarar pensamentos e emoções perturbantes quando já se espalharam pela alma como uma tempestade no mar. Admitindo que o cultivo de certas disposições de ânimo permite manter viva "a fonte da tranquilidade da alma" (467a), então, uma tarefa fundamental da autoeducação consiste em exercitar-se gradualmente, mas com continuidade, no cuidado da própria vida interior, de modo a cultivar as posturas de presença-em-si que reduzem a taxa de vulnerabilidade nos momentos difíceis do viver quotidiano.

É próprio do ser humano buscar uma boa qualidade da vida e, por conseguinte, não suportar a condição de ser carentes daquilo que faz bem (Epiteto, *Diatribes*, I, 27, 12). Contudo, nem todas as situações emotivas cooperam para a promoção do bem-estar espiritual: existem estados afetivos que fazem ficar mal. Heidegger (1929, p. 77), que decerto não aprova as categorizações dos estados emotivos, acena, todavia, para a distinção entre sentimentos que exaltam e sentimentos que deprimem. As vivências negativas são as que corroem o prazer de viver, que são obstáculos para a busca de bem-estar-aí. Por isso, a uma direção originária do ser humano corresponde operar transformações na própria força existentiva para torná-la mais capaz de alimentar modos positivos de ser.

O problema está em "descobrir o remédio oportuno" (Epiteto, *Diatribes*, I, 27, 6) para desativar as posturas do ser-aí que impedem uma adequada realização das próprias possibilidades existentivas. No que diz respeito a tal questão, pode-se considerar a tese neoestoica, segundo a qual justamente porque a substância do sentir é estruturada pelas convicções, a partir das quais se exprimem as avaliações da experiência, avaliações, estas das quais brotam as vivências emocionais, então, é possível uma ação transformadora sobre o próprio perfil emocional atuando a respeito das ideias a ele subjacentes.

Não que essa ação seja fácil, pois existem convicções interiorizadas tão profundamente que fica difícil, antes de qualquer coisa, identificá-las e, depois, mesmo sem almejar transformações radicais, colocar em movimento um processo de reflexão crítica. Talvez não exista na vida da mente algum elemento inacessível à argumentação racional – salvo certas vivências como as religiosas e místicas, animadas por uma inteligência diversa daquela que preside a vida ordinária –, porém, para que o trabalho do pensamento seja eficaz, deve-se buscar com paciência o acesso adequado às esferas mais íntimas do ser. Com frequência, para exprimir o trabalho do pensamento, usa-se a metáfora do "escavar profundamente", mas essa ação radical, que evoca algo violento, não é adequada à parte delicada que é o coração da vida da mente, que requer uma aproximação cautelosa, sem intenções intervencionistas, pois necessita de uma atenção movida pelo respeito. Das partes mais íntimas da alma, aquelas nas quais a pessoa respira a sua essência espiritual, deve-se aproximar com delicadeza, "com doçura", diz Zambrano (2007, p. 76), com um pensamento que deve ser como "a água da misericórdia e a luz da compreensão": a água dissolve as tensões interiores e os nós do sentir enraizados na alma, e a luz ilumina e compreende as zonas mais íntimas.

A filosofia estoica sugere o recurso sistemático aos chamados cânones, ou seja, máximas hesicastas que, tomadas como objeto de uma constante atenção meditadora, permitiram o domínio das paixões. Esses cânones ou máximas têm a forma de argumentações sintéticas, cujo sujeito deveria repetir a si mesmo até fazer tornarem-se automáticas para a mente e, quando uma máxima se torna um automatismo, isso permitiria controlar os fenômenos emocionais que criam perturbação para a experiência (Hadot, 2002, p. 35-36). Epiteto indica como essencial aprender a controlar as avaliações que fazemos dos eventos: o que faz com que nos sintamos ofendidos ou turbados não são as ações que nos acometem, mas as avaliações que dessas formulamos; por isso, quando experimentamos um sentimento negativo, o que é necessário é recordar à mente que é a nossa avaliação aquilo que o provocou:

> Portanto, em primeiro lugar, tenta não ser arrebatado pela representação: uma vez que ganhares tempo para refletir, mais facilmente serás senhor de ti mesmo (Epiteto, *Manual*, 20).

Uma vez que o sentir, e com ele o agir, dependem das avaliações que o sujeito define com relação à experiência, segundo Epiteto, a tarefa a que a razão é chamada consiste, por força da sua capacidade de refletir a respeito de si mesma e, portanto, de aprovar-se ou reprovar-se (*Diatribes*, I, 1, 1), em analisar os critérios que guiam os processos de avaliação, de modo a desativar aqueles que desencadeiam juízos errôneos.

Da fenomenologia do continente submerso, que é a nossa vida afetiva, surge a indicação de ativar a *epokhé*. Uma vez que o sentir tem um núcleo de pensamento, enquanto baseia-se numa avaliação, quando sente a urgência de tornar um sentimento negativo inoperante, pode-se, se não neutralizar, ao menos diminuir a força de uma tonalidade emotiva ou de um sentimento, tirando valor da crença da qual esse sentir se nutre (Stein, 1922a, p. 81). Colocar uma avaliação entre parêntesis significa torná-la ineficaz. Para tornar uma avaliação ineficaz, é necessário negar o assenso: dessa maneira, ela é colocada entre parêntesis, suspendida no seu agir possível com relação à vida da mente. Nisso consiste a *epokhé* (Stein, 1922a, p. 82). Ao nos confrontarmos com a avaliação negativa de um evento que não podemos evitar, mediante o assenso a essa avaliação, e não sucumbir numa vivência emotiva perturbante, podemos decidir suspender tal assenso para dar-nos tempo a uma reflexão meditada, com o efeito de silenciar, ao menos temporariamente, aquele sentir que desequilibra a alma e readquirir uma suficiente soberania do nosso próprio ser-aí. Essa ação de suspensão do assenso é totalmente diversa da luta contra um sentimento; o colocar entre parêntesis tem a qualidade de uma ação cognitiva não violenta, capaz de salvaguardar, pelo menos por certo momento, o clima interior, deixando tempo para se preparar para enfrentar os eventos com um equilíbrio maior do que o experimentado quando caímos como presa num sentimento negativo.

No que diz respeito à necessidade de trabalhar sobre si para modificar-se, Heidegger (1927, p. 176) sugere a que pode ser chamada de uma tecnologia da vida emocional, que consiste em não buscar liberar-se de uma tonalidade emotiva negativa, concentrando-se nela, mas cultivando a tonalidade oposta. Nessa tecnologia do si ressoa o antigo princípio estoico, segundo o qual, para contrastar um hábito, é necessário cultivar o hábito contrário (Epiteto, *Diatribes*, I, 27, 6). Se interpretamos essa técnica emocional à luz da teoria cognitiva das emoções, resulta que, para cultivar tonalidades opostas àquelas em que se está vivendo, é preciso levar a atenção e dar assenso a conteúdos cognitivos de sentido diferente daqueles incorporados na emoção que se gostaria, se não de desativar completamente, ao menos de desvigorar, enfraquecer. "Quando os nossos olhos são feridos por algo muito luminoso, desviamo-los e pousamo-los sobre as cores das flores e a relva" (Plutarco, *Sobre a paz da alma*, 469a). Da mesma maneira, deveríamos fazer com o pensamento: em vez de mantê-lo fixo naquilo que produz dor, deveríamos orientá-lo a considerar outra coisa, a prestar atenção a outras paisagens do pensar possíveis para cultivar outras geográficas emocionais.

Existem, porém, sentimentos que, mesmo sendo essenciais para uma boa qualidade da vida, podem ser difíceis de serem cultivados, pois quase não os percebemos entre as possibilidades do sentir, como se nos tivesse faltado a educação para considerá-los. Um desses é o "senso de gratidão" (Epiteto, *Diatribes*, I, 6, 1). Saber exprimir gratidão ao bom da experiência que acende com energia vital o nosso ser é um movimento da alma que surte o efeito de reconciliação com o mundo. Diante do sentimento de angústia, que pode capturar a alma quando a fatiga do viver parece insuportável, Plutarco (*Sobre a paz da alma*, 470b) sugere cultivar a capacidade de ter gratidão pela vida (χάριν ἔχειν). Ser capaz de gratidão distende a alma e parece que a alma quase se torna capaz de tocar as coisas[26].

---

[26] Seguindo as reflexões de Epiteto (*Diatribes*, I, 6, 19-22), poderia parecer que o responsável por gerar a capacidade de gratidão é o exercício da contemplação das coisas do mundo e dos fenômenos que acontecem. O contemplar é um ato da mente ao qual cada um deveria dedicar-se, pois uma qualidade da condição humana é a de ser espectador. A cultura da modernidade exaltou o fazer, chegando a considerar no alto da hierarquia das capacidades a de manipular

Nessas indicações de práticas espirituais, fica evidente o papel relevante atribuído ao pensar: uma perspectiva essa que dá voz à confiança na capacidade da razão de levar a pessoa a adquirir alguma forma, ainda que débil, de soberania sobre a experiência; uma perspectiva antiga, que encontramos enunciada também em Plotino (*Enéadas*, II, 9, 18, 29) quando afirma que os eventos imprevistos advindos do devir das coisas podem ser contrastados com a virtude, "tornando, mediante grandes pensamentos, menos fortes os golpes externos". Também Epiteto (*Manual*, 5 e 6) investiu bastante na razão, pois estabelece que, se o que provoca perturbação não são os fatos em si, mas "os juízos que os homens pronunciam sobre os fatos", então, a coisa essencial da qual se cuidar são as representações que estruturam a vida cognitiva.

Ainda que o pressuposto na origem deste estudo seja a confiança na atividade do pensar, não se pode, todavia, calar sobre os limites de uma sobrevalorização

---

as coisas, esquecendo-se que a qualidade do nosso ser também tem necessidade de passividade, de receptividade. Ao pensar na filosofia com relação à posição do espectador e, com essa, no exercício da capacidade de contemplar, privilegia-se entre os sentidos o da visão; mas exercer plenamente a posição do espectador exige ativar todos os sentidos, pois existem coisas que requerem serem vistas, outras, escutadas, outras, odoradas, e outras ainda, saboreadas. É o exercício de todas as direções sensoriais, que produz o sentido do ser-real com o qual sentimos no mundo.

da força da mente. Isso resulta evidente quando se sente a urgência de transformar certos sentimentos, como o medo de ser ou a ansiedade que brota do temor de não conseguir tornar-se o próprio ser possível. Nós somos uma série de possibilidades, mas a possibilidade ainda não é o ser. Quando nos descobrimos chamados a vir a ser o nosso próprio ser possível, pode-se perceber tal tarefa como avassaladora e sentir-se capturados pelo medo de não responder ao chamado a ser-aí. Então, o sentimento ontológico do medo de ser pode tornar árida a força vital e criar desordem no movimento do existir. Encontrar um remédio para o medo-de-ser, segundo a perspectiva heideggeriana anteriormente indicada e que vem de Epiteto, significa concentrar a atenção em outro sentimento, na confiança-de-poder-vir-a-ser. A confiança na qualidade do vir a ser possível é essencial porque distende a alma.

O germinar na alma desse sentimento não é, porém, causado unicamente pelo trabalho do pensamento. Trata-se de um sentimento de importância vital e, como tudo aquilo que é essencial, ele tem também algo que ver com a essência da condição humana, que é relacional; isso significa que a confiança é um bem que se aprende por experiência a partir da relação viva com outras pessoas, com aquelas capazes de testemunhar, de maneira vívida, gestos e palavras de confiança. Sentir sobre si um olhar cheio de confiança da parte de pessoas que são importantes para nós permite aprender a confiar. Zambrano

(1973) fala de um fundo sagrado do qual tomam forma as coisas essenciais. Para ela, o sagrado se situa numa zona que permanece um mistério para a razão. Com um olhar talvez excessivamente empirista, porém, sagradas podem ser consideradas também as primeiras experiências e as relações que delineiam o espaço vital de cada um. Considerá-las sagradas significa reputá-las dignas do máximo cuidado. Daqui poderia germinar uma diversa filosofia da existência, que assume o cuidado como paradigma do ser-aí.

Mesmo que a experiência viva seja essencial, não basta experimentar relações permeadas de um confiante estilo de estar no mundo para que se gere em nós tal sentimento; sempre é necessário o pensamento, porque só com o pensamento a vivência se torna experiência da qual aprender. E o pensamento capaz de gerar um outro jamais é abstrato, mas sim enraizado na experiência vivida. Qualquer perspectiva racionalista e racionalizante deve ser assumida criticamente, pois sabemos por experiência quão frágil é a força da mente, quanto o bom das coisas não depende apenas do pensamento e da força vital da pessoa, mas de toda uma série de condições ambientais, e entre essas, em primeiro lugar, as condições relacionais. Todavia, mesmo devendo evitar colocar demasiadas expectativas naquele fazer que é próprio do pensamento, não se pode negar a importância que a força espiritual pode ter, quando bem cultivada.

No momento em que se atribui ao pensar uma responsabilidade transformadora, é necessário distanciar-se de qualquer fácil ilusão a respeito da regulação dos afetos. Um dos mitos que marcam certas teorias a respeito da inteligência das emoções é o de levar o sujeito a adquirir um pleno domínio sobre si, uma forma de soberania sobre o próprio mundo emocional que o renda impermeável aos eventos externos. Ainda que o processo de autocompreensão emocional, dependendo da intensidade e da continuidade com as quais é praticado, permite limitar a própria dependência das vivências emotivas para conquistar uma forma de mando interior, é necessário, todavia, evitar toda interpretação gerencial da nossa relação com a vida afetiva, pois as emoções, os sentimentos, as paixões e as tonalidades afetivas não são coisas disponíveis, utilizáveis e administráveis como se faz com as coisas, mas são elementos vivos que, mesmo podendo sofrer processos de transformação como consequência de uma prática de autoformação, subtraem-se, por sorte, de qualquer lógica gerencial. A própria Stein, embora atribuindo grande relevância à prática do conhecimento de si e concebendo a obscuridade da alma como algo que pode ser iluminado pela razão (1962b, p. 446), afirma que a luz do conhecimento de si não deve ser sobrevalorizada (1962a, p. 58).

Stein, porém, considera possível um ganho de domínio de si quando a alma decide voltar a sua atenção para um mundo diverso do terreno e orienta o olhar a um outro reino diferente do mundo natural no qual se encontra, ao divino (1962a, p. 58). Essa interpretação do processo de autoformação reinvoca aquela expressa por Sócrates no *Alcibíades* – numa parte do texto (133c 8-7) sobre a qual, porém, levantam-se dúvidas sobre a autenticidade –, no qual o filósofo explica ao seu discípulo que a alma poderá conhecer si mesma somente de dirigir o olhar ao divino.

Sem deslizar para o transcendente, mas também sem, por isso, renunciar a responder à possível tendência ao ulterior, pode-se sair dos limites de uma interpretação arriscadamente intimista e solipsista do processo de autoinvestigação, interpretando o cuidado de si numa relação dialógica com outros que permite traçar modos de significado compartilhados a partir dos quais buscar o conhecimento de si. Além disso, assumindo a tese aristotélica, segundo a qual uma boa vida espiritual acontece quando o viver bem é uma coisa só com o agir bem, então, situando essa tese ética no horizonte da ontologia relacional, o cuidado de si claramente se subtrai de uma visão intelectualista e se faz pragmático, cumprindo-se como cuidado pelos outros.

Mesmo alargando o horizonte de interpretação do ser-aí a partir de outros mundos de significado, o conhecimento possível de adquirir será sempre parcial, porque os afetos são materiais complexos para a razão humana, e aquilo que chega ao nível consciente é sempre apenas uma parte. A desencadear um modo de ser podem contribuir concomitantemente vários sentimentos, que podem ser gerados por ações cognitivas diferentes, as quais, por sua vez, são respostas a pontos diferentes de atenção experiencial; é difícil para a mente atingir a inteira gama de sentimentos em ato. E mesmo quando a atenção reflexiva consegue colher um certo nível de complexidade da vida interior e a individuar o modo como a força motriz do sentir opera nas decisões da pessoa, outros movimentos da alma podem agir nas sombras, permanecendo no plano de fundo, mas produzindo uma força agente, não menos intensa do que os sentimentos conscientes (Stein, 1922b, p. 203). Assim, é impraticável um contato completo e constante com as vivências profundas e, logo, por sorte, também impraticável a possibilidade de um domínio da vida interior. Se, por um lado, essa inacessibilidade ao coração da vida da mente é sinal de fragilidade dos instrumentos da razão, por outro, sinaliza a intangibilidade do profundo da vida afetiva, que salva de manipulações inaceitáveis.

Por mais que a capacidade de compreensão da vida emocional seja limitada, é indiscutível, todavia, a necessidade de uma autoeducação do sentir para chegar à condição de firmeza interior que Zambrano define como "um coração firme" (1989, p. 110) que sabe ajudar o pensamento no seu trabalho mais exigente: buscar horizontes de sentido quando parece faltar toda medida do viver, projetar ritmos e direções do existir, mesmo quando a desorientação parece prevalecer.

A educação a cultivar um coração firme deveria iniciar o quanto antes, “ensinando à criança, ‘treinando-a’, a sustentar-se com o coração, sozinha com o seu coração, no vazio momentâneo da mente diante das situações enigmáticas que a vida cuidará de ir lhe apresentando” (Zambrano, 1989, p. 111). Esse tipo de educação é uma coisa só com o cultivo também de um coração firme, aquele que sabe encarar o sentir desvitalizador, como o medo de ser, de ser aprisionado em si mesmo, no qual se pode ter a sensação de estar afundando.

Uma vez que nós somos os nossos pensamentos e os nossos sentimentos, o processo de autoinvestigação exige que tenhamos tato, que procedamos com delicadeza. Ao tratar da vida interior, ao buscar o conhecimento de si para compreender o movimento vital do pensar e do sentir, é necessário não apenas um método – descrever detalhadamente, mantendo-se fiel ao modo de datidade da vida da mente –, não apenas o cultivo de habilidades – com a concentração interior intensa e continuada –, mas também um certo modo de tratar o material delicado que é o fluir interno. Tratá-lo com delicadeza: talvez não seja casualidade que a alma tenha sido designada com o nome de um inseto tão delicado como a borboleta, pois o termo grego *psyché* (ψυχή) indica tanto a alma como a borboleta. Ao nos aproximarmos demais das asas da borboleta, chegando a tocá-las, estragamos aquela obra de arte, que são os seus desenhos, os quais, uma vez tocados, nada mais são além de pó entre os dedos; o mesmo acontece com a alma. A ação do conhecer levanta sempre questões éticas, mais ainda quando trata com a essência íntima da pessoa: nesse caso, é necessária uma ética da delicadeza.

A delicadeza é uma virtude, aquela que permite tratar adequadamente o objeto, com cuidado: não pretende agarrar, gerir, mas procura aproximar-se com cautela. Na raiz do núcleo cognitivo que caracteriza toda vivência emotiva podem ser identificados critérios axiológicos, aos quais nos confiamos para dar uma direção de sentido ao nosso próprio caminhar no tempo. Uma vez que os critérios que exprimem princípios de valor constituem uma matéria de valor ontogenético, é primordialmente necessária a virtude da delicadeza, que não pode ser separada da virtude da humildade, esta que, por sua vez, se exprime no conhecer todos os limites do próprio processo de autocompreensão e, portanto, a fragilidade do saber que vamos construindo sobre nós mesmos.

O pensar reflexivo que responde ao princípio do conhecer a si mesmo não é fácil de se praticar, não só devido ao empenho cognitivo que ele exige e, ao mesmo tempo, à escolha que esse empenho pressupõe, de interromper a adesão ao fazer para retirar-se num espaço de pausa no envolvimento quotidiano, mas também porque o pensar radical, como é o autenticamente reflexivo, não pode evitar despertar a consciência da fragilidade do próprio ser. Ao tomar posse da mente ou persistir na prática de autoinvestigação, pois, mesmo sentindo toda a própria debilidade ontológica e, consequentemente, a dificuldade do trabalho de existir, sente-se como inevitável a busca pelo sentido do ser-aí; ou evitar o empenho a pensar, para contornar a sensação vivida de estar perdido. Considerando a hipótese de que a primeira reação seja aquela justa a se tomar, então, com relação ao próprio incerto encontrar-se prorrogado de instante em instante sem dispor de certeza alguma sobre o futuro estado do ser-aí, a condição essencial para continuar a exercer o pensar reflexivo é, por um lado, a aceitação da própria debilidade ontológica e, por outro, a adesão intimamente convicta ao princípio do cuidar de si.

Quando a mente cuida de si, cuida do seu pensar e do seu sentir, então, dela jorra água viva (Stein, 1980, p. 41). Contudo, ainda que essencial, o cuidado de si não pode ser alvo de demasiadas expectativas; de fato, não se pode esperar que ele nos garanta a possibilidade de viver uma vida plena e de "chegar ao ápice do próprio ser" (Stein, 1980, p. 35): um estado, este, que, em virtude da sua perfeição, não pertence à condição humana. Nada salvaguarda da possiblidade de experimentar as noites escuras nas quais a alma parece escorregar dentro de abismos intransponíveis. Todavia, mesmo se nada nos coloca a salvo daquele conhecimento doloroso que é a percepção da própria fragilidade ontológica, o cuidado de si pode, justamente, fornecer os instrumentos necessários para encontrar vislumbres de clareza mesmo nos momentos mais difíceis, protegendo, assim, a saúde da alma e o desejo de dar ao próprio existir uma plenitude de atuação.

Capítulo 4

CULTIVAR PRÁTICAS ESPIRITUAIS

O cuidar de si tem como direcionalidade de sentido o dar uma boa forma ao próprio ser-aí: racionar todos os dias, como ensina Sócrates, sobre as coisas dignas da maior consideração e buscar as vias para atuá-las no real.

Para operar uma transformação fecunda e eficaz do próprio modo de ser, as filosofias antigas insistem na necessidade de praticar aqueles que são definidos como "exercícios espirituais", voltados a desenvolver precisas posturas da mente. A forma do próprio ser-aí com os outros e com as coisas, que fica visível nas palavras e nas ações, está em estreita ligação com o modo de cultivar a vida da mente.

Existe uma expressão plotiniana (cf. *Enéadas*, I, 6, 9, 7) que caracteriza bem o sentido dos exercícios espirituais: esculpir a própria estátua. Platão falava de "conversão da alma" (*República*, 518d) para indicar a postura espiritual que mantém o ser em busca do saber que faz bem à vida, e considerava que a alma deveria ser "redirecionada" a esse objetivo, ou seja, deveria modificar o seu modo de agir, de forma a retirar o olhar daquilo que impede a busca verdadeira orientada na direção justa. Para promover a conversão da alma, aquilo que a educação deve fazer, não é colocar dentro da alma conhecimentos já formulados, mas cultivar as virtudes epistêmicas mediante o exercício (518e).

As filosofias antigas são depósitos de sementes sapienciais ainda hoje válidas para ter acesso a técnicas destinadas a configurar uma boa forma do processo de autoformação[27], pois, além das diferenças que caracteri-

[27] Os filósofos da antiguidade que se ocuparam de exercícios espirituais desenvolveram a sua proposta dentro de uma determinada filosofia, com pressupostos ontológicos e epistemológicos precisos que nem sempre podem ser sustentados à luz das reflexões filosóficas contemporâneas. Entretanto, mesmo se o inteiro núcleo do seu pensamento não possa ser acolhido, a referência a eles, para recuperar práticas espirituais das quais ainda hoje se reconhece o valor, é legítima sem que se deva aderir à sua filosofia, pois é possível extrair certos princípios de prática espiritual sem que essa descontextualização enfraqueça o valor formativo dos mesmos (Hadot, 2002, p. 176). A vantagem de um olhar retrospectivo sobre as filosofias antigas é a possibilidade de colher delas qualidades positivas e limites após uma avaliação atenta. Por exemplo: no estoicismo, os exercícios espirituais são destinados a preparar a mente para enfrentar eticamente as dificuldades da vida; os epicuristas, por sua vez, visam libertar a alma das preocupações para conduzi-la a gozar da "simples alegria de existir" (*id.,* p. 39). Enquanto o estoicismo solicita manter a alma

zam as várias escolas (nos platônicos, o desenvolvimento de uma forte concentração mental; em Plutarco, o cultivo de bons hábitos éticos; em Plotino, a promoção da transformação da personalidade; nos estoicos, a mobilização de energias para a formação ética; nos epicuristas, a realização da distensão e do desprendimento), comum era o objetivo que dava sentido à prática dos exercícios sugeridos: dar forma às ações espirituais nas quais consiste o núcleo íntimo da arte de existir. As filosofias antigas que se ocuparam da arte de existir (τέχνη τοῦ βίου) concordam em considerar possível para o ser humano um processo de progresso aperfeiçoamento da própria forma de ser e que os exercícios espirituais cooperam para a realização dessa *paideia* (Hadot, 2002, p. 59).

Para que resultem praticáveis no presente, as in-

---

continuamente em tensão à procura do bem, o epicurismo pede o cultivo de uma disposição receptiva e de um sentimento de gratidão diante daquilo que acontece (*id.*, p. 40). Cada uma dessas duas filosofias coloca algo essencial em evidência, mas nenhuma das duas resolve sozinha o problema da arte de existir e, por isso, devem ser concebidas em conjunto, pois o ser humano tem necessidade tanto de agir com rigor sobre si, a fim de equipar-se para enfrentar o difícil, como de ser capaz de saborear a alegria de existir. A primeira perspectiva sem a segunda corre o risco de cair no mero formalismo, que entristece e enrijece a alma fazendo secar a vida espiritual; a segunda sem a primeira está exposta ao perigo de um estetismo incapaz de restituir algum fragmento de sentido. O empenho num trabalho interior rigoroso, nutrido por uma forte tendência ética, deveria, portanto, ser conciliado com a busca de experiências positivas para a alma que a levam a perceber o prazer de existir.

dicações das práticas de espiritualidade que provêm do passado devem ser necessariamente relidas e ressignificadas. Por essa razão, as solicitações advindas da cultura da antiguidade serão consideradas à luz das reflexões amadurecidas em algumas filosofias contemporâneas que, em sintonia com as antigas, assumem a filosofia como um trabalho para a vida, e não como produção de sistemas de pensamento.

Antes de adentrar a análise das posturas mentais a cultivar, pode ser útil oferecer uma sintética e simples categorização das possíveis práticas espirituais, em que cada categoria coloca em evidência a função específica de um certo tipo de exercícios:

- *Técnicas de concentração da mente*: manter a mente concentrada nas questões dignas de consideração, aquelas que têm a ver com a busca pela verdade da existência, mas também concentrada na experiência da mente enquanto isso acontece.
- *Técnicas de aliviamento:* tirar da mente aquilo que atrapalha, que não é essencial, remover pensamentos, afetos, desejos inessenciais para reservar o espaço, devido àquilo que é irrenunciável.
- *Técnicas de subtração*: encontrar tempo para o pensar sossegado, subtraindo-se da frenesia do fazer, do produzir; isso implica em saber

dar-se momentos de gratuidade, aqueles livres de qualquer finalidade precisa.

- *Técnicas de distensão*: exercitar-se a despotencializar a força perturbante de certos pensamentos que viram a alma de ponta-cabeça, impedindo-a de viver serenamente.
- *Técnicas de recordação*: trazer à presença da consciência vivências passadas para compreendê-las, de modo a manter-se reconciliado com o passado.
- Para dar conteúdo a esses princípios, serão descritas as posturas cognitivas a serem cultivadas.

DAR ATENÇÃO

Para conhecer si mesmo e transformar-se, é preciso, antes de mais nada, "ter diante da vista, dos olhos da mente" (Husserl, 1913a, §37, p. 87), as próprias vivências. Isso significa ser capazes de prestar atenção a si mesmo: aquela atenção que se expressa como concentração interior. Ser capazes de prestar atenção à vida da mente significa permanecer numa vigilância o máximo possível continuada, que mantenha a consciência desperta (Hadot, 2002, p. 34).

> O eu, que até esse momento vivia no fluxo, na corrente dos dados que tinha, sem dirigir o olhar sobre eles, abre os seus olhos mentais e se dirige para algo, algo que aparece diante dele e se torna, para ele, um objeto (Stein, 1922b, p. 173).

Atualmente, em certos contextos de reflexão nos quais se toma por referência a filosofia oriental, fala-se de *mindfulness* para indicar a concentração da mente sobre o momento presente; conceito, este, análogo ao conceito de atenção (προσοχή) próprio das filosofias antigas, em particular da estoica, segundo a qual o pior hábito que se possa adquirir é o de não prestar atenção ao real no seu acontecer (Epiteto, *Diatribes*, IV, 12, 1). Na filosofia estoica, a atenção não é contemplação de si mesmo, que deixa as coisas como estão, mas é uma disciplina cognitiva que produz efeitos transformadores sobre a vida da mente; assim a entende Marco Aurélio (*Meditações*, VII, 54), que considera importante, a cada instante, examinar com método a representação presente para não admitir no pensamento coisa alguma a que não se possa dar o próprio assenso. Trata-se, antes de mais anda, de aprender a prestar atenção de maneira receptiva sem buscar quase nada; e é essencial cultivar essa postura da mente.

Para Epiteto, a atenção é uma postura ética, pois ter atenção significa vigiar sobre o próprio ser-aí; e uma vez que a qualidade do ser-aí está em estreita correlação com a vida da mente, a atenção se torna o olhar interior com o qual o sujeito reflete sobre a experiência. Tal atenção deve ser praticada com cuidado nos princípios que guiam o nosso ser.

Os princípios aos quais confiamos as direções do nosso modo de ser não são elementos adquiridos de uma vez por todas, mas se tornam realmente operativos, ou seja, capazes de guiar, somente se a eles é dedicada uma atenção contínua. Nesse sentido, a atenção não é contemplação, mas ação que desencadeia uma força vital (Marco Aurélio, *Meditações*, IV, 12, 1-21). Os princípios, inspirando-se nos quais parece possível encontrar a justa direção do ser-aí, para serem vitais, para operar no nosso agir, devem estar sempre disponíveis, ativos na mente, e a atenção é o que os ativa quando, com continuidade, se mantém concentrada neles; por isso, "a alma deve tender a esse objetivo" (IV, 12, 15).

Ser capazes de atenção significa saber concentrar-se sobre o presente. A concentração sobre o presente no momento do seu acontecer deve ser entendida não como olhar sobre o externo, mas sobre o interno da vida da mente: monitorar os pensamentos que construímos para dar sentido à vivência e aos atos afetivos com os quais o nosso ser-aí se manifesta. Escolher o presente como lugar temporal do ato cognoscitivo, para buscar a transparência mesmo de apenas um fragmento de experiência, pode-se indicar como uma necessidade ontológica. De fato, a qualidade do nosso ser é a de encontrar-se prorrogados de instante em instante; prestar atenção à vida da mente nos instantes do seu acontecer significa, assim, ater-se à essência do nosso ser.

É difícil manter o olhar concentrado sobre o presente, pois isso exige tomar distância do apego ao passado e, ao mesmo tempo, da tendência a refugiar-se no futuro com a imaginação. É necessária uma preparação da alma, que consiste em examinar os nossos apegos ao já transcorrido e as expectativas com relação ao tempo vindouro, já que tomar consciência das tendências que nos mantêm distraídos do presente é o caminho necessário para desenvolver uma reflexão que se atém à atualidade da experiência. Somente quando a mente é capaz de se concentrar sobre o presente é que se exercita uma atenção vital. O esforço da atenção reflexiva requer atuar, além da tendência da imaginação, também sobre a vida afetiva e sobre a esfera dos desejos, pois os sentimentos por vezes nos mantêm ligados ao passado, impedindo-nos de viver plenamente o presente, do mesmo modo em que certos desejos terminam por restringir antecipadamente o futuro.

A capacidade de concentração sobre o presente tem um duplo efeito: tanto ético como epistemológico. Produz um efeito ético, porque manter o olhar naquilo que nos ocorre no momento do seu acontecer nos livra tanto de permanecermos vinculados ao passado quanto de inúteis e danosas fugas para o futuro, de modo a podermos viver plenamente o presente. É uma condição essencial para uma vida autêntica estruturar-se como um caminho semeado de instantes de presente plenamente vividos. E tem também implicações epistemológicas, pois a atenção no presente fluir da mente é a condição para adquirir um conhecimento profundo dos seus dinamismos.

Para potencializar a capacidade epistêmica de uma atenção intensivamente concentrada no devir da experiência, devem ser desenvolvidas duas disposições diferentes: a tensão (τόνος) da que falam os estoicos e a distensão (ἄνεσις) considerada pelos epicuristas (Hadot, 2002, p. 34, nota 17). A atenção declinada como tensão orienta o olhar a perseguir um conhecimento preciso referente a um determinado ponto de atenção, enquanto a atenção receptiva, que consiste no distender-se, no deixar-se estar no presente, permite à mente recolher os dados que se fazem evidentes ao olhar interno. Livremente reinterpretadas, essas duas qualidades da atenção podem ser definidas, uma, como a intensificação do olhar quando se percebe um aspecto problemático que exige uma dedicação máxima da tensão atentiva, e a outra, como a abertura da mente ao máximo das suas capacidades receptivas diante de cada detalhe da experiência. Assim concebida, a prática da atenção permite concretizar o princípio do *entrar na realidade*.

Poderia parecer uma contradição presumir que o ser humano, que desde sempre se encontra no mundo, deve, ainda, esforçar-se para entrar na realidade; porém o encontrar-se entre as coisas não se traduz automaticamente num contato vital, o qual pacientemente deve ser cultivado mantendo próximas das coisas a vida sensorial, a cognitiva e afetiva, e também a gestualidade relacional. Ocorre que certos pensamentos e determinadas fantasias mantêm a mente fechada num mundo antecipado que impede ter um contato originário com os fenômenos, tanto com aqueles externos quanto com aqueles da mente; sem contar os refúgios da mente que, por vezes, criamos devido à incapacidade de suportar a realidade. Trabalhar para entrar na realidade significa evitar que a vida da mente produza recintos ontológicos e buscar um contato vital com as coisas e com os outros.

Exercitar-se na capacidade de prestar atenção surte na mente um efeito formativo preciso: aprimora a sensibilidade ao devir da fenomenicidade, desenvolve a capacidade de manter o olhar concentrado da maneira mais contínua possível tanto sobre o mundo interno como sobre o externo, mantém o ser da pessoa teso e receptível ao real: é assim que a atenção se converte em virtude ética, aquela que nos faz habitar no centro das coisas.

Faz parte da experiência ordinária sermos tomados por distrações diante das questões existenciais, deixando que a energia mental seja capturada e consumida por questões de segunda ordem ou totalmente supérfluas. Trata-se do fenômeno da dispersão mental, que tem sua raiz na falta de uma *ordem do pensar*, no deixar-se distrair daquilo que é essencial. E quando o pensar se deixa capturar pela multiplicidade irrelevante de certos detalhes da experiência, sofre-se uma forma de inconsistência ontológica. Esse modo do sentir-se ocorre ao nos encontrarmos experimentando uma forma de suspensão do viver, enquanto a vida prossegue: sente-se o tempo que passa, passa-nos ao lado, mas não o podemos viver de verdade. Os atos que passam sem serem aproveitados por uma presentificação reflexiva parecem desaparecer e, com eles, extinguem-se as próprias possibilidades existentivas. Saber estar no presente é, portanto, condição para poder viver um tempo vivo.

Quando a tendência à distração está sempre à espeita, é necessário, a fim de promover a postura da atenção, praticar uma fenomenologia das próprias vivências de inatenção. A inatenção se manifesta como atenção pulverizada numa multiplicidade de direções e segundo modalidades descontínuas. Considerando a fenomenicidade da vida mental, a inatenção se verifica quando, de repente, empenhos futuros penetram diante do olhar, ou quando nos deixamos levar pela lembrança de eventos passados, que se apresentam ao olhar por analogia com a experiência presente, mas que, depois, terminam por absorver toda a atenção, ou ainda quando nos deixamos atrair por detalhes irrelevantes.

Uma vez realizada a fenomenologia dos atos mentais de distração, isto é, uma descrição detalhada dos modos do seu aparecer, trata-se, então, de compreender as razões da força com a qual se impõem na vida da mente. Essa busca pelos motivos originários de certas formas de desatenção ajuda a descobrir partes não resolvidas do si, pois a desatenção, por vezes, verifica-se quando a mente se deixa catalisar por problemas não solucionados. Quando têm a força de absorver a atenção, essas partes não resolvidas se mostram como pistas de tensões interiores, que indicam uma consideração deficitária de questões consideráveis da nossa existência. Os nós não resolvidos absorvem silenciosamente as energias do pensar e do sentir, tornando árduo o exercício da atenção sobre o real no momento do seu acontecer. Para que eles não continuem constituindo uma fonte de desatenção, devem tornar-se objetos de atenção e, precisamente, de um olhar ao mesmo tempo fenomenológico, hermenêutico e transformador: o olhar que, depois de tê-los descrito analiticamente, busca a sua interpretação mais adequada como pressuposto para a ativação de percursos de transformação.

Deixamo-nos perder pela inatenção também por não termos amadurecido uma consciência precisa da ordem de importância das coisas a serem pensadas, então, quando falta clareza a respeito daquilo que é irrenunciável pensar, sobre aquilo que é importante e aquilo que, por outro lado, pode ser significativo, mas não o é necessariamente, corre-se o risco de não saber dosar a atenção para aquilo que prioritariamente se deve pensar.

A incapacidade de prestar atenção é frequentemente a pista de uma desordem do sentido do ser-aí, mas pode também ocorrer que o pensamento se fragmente em muitos riachos inconsistentes como consequência da percepção da falta de tempo. Existe um tempo auroral da vida, no qual, ainda tudo parece possível: é o tempo em que é possível dedicar a vida da mente a uma *filosofia da vida nova*; mas existe também um tempo contraído que se dá quando a alma percebe o gotejar do tempo indo embora sem ser delineado com sentido. É como se cada instante levasse embora consigo uma gota de ser e, quando o tempo se dissolve gota a gora, sentir o dissipar-se das possibilidades do ser-aí, algo de tirar o fôlego.

A percepção da redução das possiblidades de encontrar as estradas do sentido do ser-aí, as quais vamos buscando, pode enfraquecer a força vital. Permanecer numa percepção contraída do tempo suscita sentimentos de ansiedade e, quando a relação com o tempo causa esse tipo de sentimentos e o coração, diante da inquietude que nos assalta, não encontra uma medida, então, é quase inevitável experimentar a desordem da alma que fragmenta as energias. Esse estado disturbado da vida interior não pode evitar produzir o agravamento da distração, que persegue o impossível dissolver-se do sentimento do tempo. O tempo da desatenção é um tempo vazio, vazio de ser.

Prestar atenção significa observar. O termo grego σκοπεῖν (*skopêin*), que significa observar, tem entre os seus significados secundários o de "cuidar". Um prestar atenção que cuida do objeto ao qual o pensamento se dirige é o agir da mente que, em vez de tender a agarrar a coisa, busca a distensão, que é condição para que o fenômeno se manifeste com seu perfil próprio. O pensar distenso tem como característica a passividade (Scheler, 1955, p. 167). A dificuldade de prestar atenção à vida interior consiste justamente na exigência de pôr-se numa atitude de passividade, atitude necessária para deixar que os atos da mente se desvelem à consciência na sua datidade originária, ou seja, por aquilo que são e não por aquilo que se gostaria que fossem. Se o fenômeno – e, logo, também as vivências da vida da mente enquanto fenômenos internos – é aquilo que se oferece imediatamente no ato vivente, aquilo que se manifesta na autodatidade (Scheler, 1955, p. 91), então a passividade da atenção distensa é a que deixa o fenômeno acontecer na sua qualidade essencial.

Considerar a possibilidade de uma atitude passiva que permite a manifestação do objeto ao qual a atenção se dirige na forma de uma visão originalmente oferente, não significa pressupor uma gnosiologia realista, isto é, pensar que a passiva escuta da vida da mente permite um conhecimento isomorfo do seu dar-se. O prestar atenção acontece sempre a partir de uma perspectiva determinada: sempre, mesmo no pôr-se mais passivo, existe um agir construtivo da mente. A passividade é uma ideia guia à qual tender, assumindo que tal trabalho de despotencialização de si permite uma percepção interna diversa na qual se dá uma aproximação, ainda que assintótica, ao próprio conteúdo existencial.

O controle premente que o cuidado do viver exerce sobre a alma é, em certos momentos, tão grave que faz com que se sinta o desejo daquela tranquilidade interior da qual falavam os antigos e que é bem descrita em certos textos de mística. A quietude da alma é um estado de repouso, de sereno relaxamento interior, no qual a mente encontra um tempo suspenso diverso daquele do agir ordinário: "Não se fazem planos, não se tomam decisões" (Stein, 1922b, p. 201). Essa falta de atividade não é sinal de falta de vida, não deve ser confundida com formas desoladoras de deserto interior em que o desejo de viver parece aniquilar-se; ao contrário, ela permite à mente experimentar o máximo de vitalidade[28].

---

[28] Na descrição da quietude mística que encontramos em Stein, a filósofa fala de um "estado de repouso em Deus" em que "toda coisa futura é entregue à vontade divina e tudo é abandonado completamente ao destino"; esse abandono ao transcendente leva a experimentar "um senso de segurança, de liberação de qualquer responsabilidade" que, pouco a pouco, vai enchendo a alma de "uma vida nova" (Stein, 1922b, p. 201). Para que se dê esse "renascimento interior", não é suficiente promover uma certa capacidade receptiva, mas é indispensável a fé religiosa, pois, para ser capazes de receber aquele estado de suspensão do ser-aí estranho à experiência ordinária, deve-se pressupor uma fonte divina. Essa condição excluiria, portanto, para muitas pessoas a possibilidade de ter experiências de intensa quietude interior; contudo, Stein considera que um estado da vida interior de qualidade análoga ao "repouso em Deus" pode ocorrer também no contexto de experiências, nas quais não é implicada a tendência ao

Contudo, a condição ordinária da vida da mente é a de não conhecer descanso, de ser incessante no seu mover-se. Um mover-se que pode tornar-se um afanado achegar-se de pensamentos e de emoções diante das quais a consciência percebe toda a debilidade de qualquer instância ordenadora que tenha. Quando o respiro da mente se contrai no afã de um movimento desordenado, torna-se urgente a necessidade de experimentar um silêncio interior. Stein usa uma expressão tomada da mística: "tornar-se um vaso vazio" (1980, p. 29). O esvaziar não deve ser entendido como um eliminar – admitindo que seja possível – da mente qualquer conteúdo seu. A mente, com efeito, não é um recipiente que pode ser enchido ou esvaziado à vontade. Ela é, na verdade, um fluxo vital de pensamentos e de emoções cuja eliminação provocaria a extinção da própria vida da mente. Não é, portanto, raspando da mente os pensamentos e emoções que se faz silêncio interior, pois seria como entalhar a substância da mesma, mas, sim, silenciando o que é inessencial e só produz barulho inútil. O "silenciar imposto ao falatório contínuo, à tagarelice que ocupa o nosso espaço interior" (Zambrano, 2007, p. 42) constitui em toda filosofia das práticas espirituais o primeiro passo para o cuidado de si. Fazer silêncio interior significa

divino, pois, quando a alma é adequadamente receptiva, mesmo "o simples contato com pessoas intensamente vivas pode ter um efeito reavivante" (1922b, p. 201) sobre o próprio senso de ser.

desativar o inessencial para deixar que apenas o irrenunciável se enraíze nos tecidos da mente.

Ser capaz de silenciar o interior é condição imprescindível ao buscar resposta para as questões consideráveis de se pensar, as que têm a ver com a procura pela arte de existir; então, para evitar respostas apressadas e ter tempo de encontrar a justa direção do pensar, é preciso saber interpor, entre o momento em que se colhe a questão e o início da busca pela resposta, um vazio, uma suspensão que desativa tendências e expectativas. Trata-se de aprender a não buscar, porque, então, aquilo que não é previsto pode tornar-se evidente à mente.

Fazer silêncio interior significa calar tudo o que se sente que não é essencial, que é puramente decorativo. Não existe um critério *a priori* para decidir aquilo que se deve calar; cada um precisa avaliar por si a partir de um exame atento e detalhado do impacto que certas ideias, certas convicções, certos modos de sentir produzem na vida. Todavia, de maneira puramente indicativa, é possível reconhecer como lesivas todas as teorias que pretendem para si mesmas um valor definitivo ou aquelas expectativas que levam a limitar a experiência somente em torno de objetivos determinados. Se toda experiência deixa rastros na alma, então, avaliar a qualidade daquilo que fica de uma experiência vivida, de um percurso de pensamento, de um desejo que atraiu as nossas energias, e trabalhar para desativar o que coloca a vida interior em perigo para, no lugar disso, cultivar aquilo que faz bem constitui um imperativo ineludível.

Um certo grau de silêncio interior é essencial para realizar o conhecimento de si. Este, para ser ativado, exige que, no processo de autoinvestigação, não seja insinuado nada que possa pre-figurar aquilo que se vai investigar. Evidenciada a qualidade dessa ação da mente, deve-se, porém, dizer que o vazio de pressuposições é um critério limite que jamais se realiza e, portanto, o tender à simplicidade essencial do pensar é um trabalho destinado a jamais terminar. Uma vez que é inevitável pensar a partir de algum lugar determinado, de alguma arquitetura de pensamentos e respirando um preciso sentir, o conhecer si mesmo configura-se como um construir-se, um conceber, um dar à luz uma ideia de si. É essa capacidade construtiva do pensar que obriga a uma vigilância metódica metarreflexiva.

A direção essencial do processo de autoformação consiste em buscar o saber do existir que ajuda a dar sentido ao próprio ser-aí, a habitar sensatamente o mundo com os outros. Essa busca exige tempo; um tempo diverso daquele do afã da circunspecção quotidiana. Mas não é fácil desligar-se dos vínculos do fazer e dedicar-se ao refletir que parece inútil, porque não deixa rastros de produtividade. Nós somos seres obrigados ao cuidado, isto é, submetidos à tarefa ineludível de ter que obter coisas por meio da fatiga do trabalho e estimulados a criar obras, a fim de encontrar o próprio lugar no mundo com os outros. Com relação a essa declinação do cuidado que se manifesta na forma do ocupar-se, do fazer coisas, o cuidado que se manifesta como solicitude diante da própria dimensão espiritual parece pouca coisa, quase um ato meramente decorativo. Todavia, é a essência da condição humana que torna necessário ambos os tipos de cuidado. Não por acaso a língua grega dispõe de dois termos diferentes para se referir aos dois diversos tipos de cuidado: *mérimna* (μέριμνα) e *epiméleia* (ἐπιμέλεια).

O termo *mérimna* indica o cuidado como pena, como preocupação, como ser vinculado a obter coisas para continuar a viver. O termo *epiméleia* é, por sua vez, usado por Platão toda vez que Sócrates fala da alma, para indicar o cuidado que responde à necessidade de transcendência, de ulterioridade.

É evidente que a tendência a deixar-se tomar inteiramente pelo cuidado como *mérimna*, ou seja, pela frenesia do obter coisas, tenha se tornado para o ser humano contemporâneo quase um vício que o obriga a viver no plano do produzir e do consumir. Esse problema já era bem presente nos Evangelhos, nos quais Jesus adverte sobre o risco de reservar um empenho excessivo à materialidade do viver; e quando "as preocupações deste mundo" [ἡ μέριμνα τοῦ αἰῶνος] (*Mt* 13,22) são excessivas, a palavra de que a alma precisa permanece sufocada e não deixa a vida florescer. Por isso, Jesus indica o princípio ético de "não se preocupar demais" [μὴ μεριμνᾶτε] (*Lc* 12,22); com efeito, nenhum excesso é bom e acrescenta sentido ao viver.

O cuidado, como obter coisas, é necessário, ineludível; mas também dessa parte da tarefa do viver é necessário ter a justa medida, de modo a encontrar tempo também para o cuidado da alma, o cuidado do nosso ser imaterial que é a razão, que está à escuta da essência do ser, percebe como indispensável. Se apenas paramos e escutamos o burburinho da alma, não é difícil percebermos um sentimento de dispersão angustiosa, a frustração de sentir o tempo que passa sem que a ele tenha sido dada devida consistência. Não se pode, então, deixar de sentir a necessidade de garantir-se o *sábado da alma*, ou seja, o momento festivo, aquele do repouso. Repouso não significa, porém, inatividade, mas sim uma outra atividade da mente, aquela que se subtrai dos afazeres produtivistas e se submete ao princípio da busca por sentido. É assim que o repouso se torna tempo vivo, tempo de doação de sentido (De Monticelli, 2004, p. 26).

Todos podem corroborar por experiência a importância deste princípio de ação: dar-se um tempo vazio de ocupações mais ou menos produtivas para encontrar o tempo do cuidado da alma. Entretanto, deve-se negar de saída qualquer interpretação intimista, porque não basta dar-se tempo, interromper o fazer atarefado para encontrar quietude. É necessário, porém, que no tempo dedicado ao fazer e ao agir, nós nos movamos segundo as direções do ser que se mostraram justas e boas a partir de um atento exame da consciência. Somente então a consciência, na hora de liberar-se da tensão atarefada, pode ser capaz de distensão. O modo primário do cuidado de si é o de agir com sentido e, portanto, não só trabalhar em si para encontrar a vida do existir, mas se empenhar operativamente para traçá-la.

REMOVER

O dar forma boa à própria vida se atualiza mediante ações não só construtivas, mas também desconstrutivas. De fato, duas são as diferentes tipologias de ações espirituais: buscar horizontes que ajudem a ver o caminho do existir; e remover aquilo que não ajuda encontrar a estrada.

> Faz tal como um criador de uma estátua, que é preciso vir a ser bela: repara isso, lixa aquilo, alisa um lugar, limpa outro, até fazer aparecer um belo rosto sobre a estátua. Assim também tu, repara quanto é excessivo e endireita quanto é torto, trabalha para ser brilhante purificando quanto é sombrio, e não cesses de construir a tua estátua, até que o esplendor da forma divina da tua virtude resplenda (Plotino, *Enéadas*, I, 6, 9, 7).

O remover é ação essencial no plano epistemológico. Ao conhecimento daquilo que é bom conhecer se chega através de um processo de "purificação", de "aperfeiçoamento interior" (VI, 7, 36, 8-9) que comporta um remover (IV, 7, 10, 27). Para ir à essência das coisas, é preciso eliminar aquilo que não é essencial; mas, antes de mais nada, é necessário trabalhar em si mesmo, removendo as crostas conceituais e toda a rigidez metodológica que impedem um acesso o mais originário possível ao objeto. Trata-se de um contínuo trabalho de subtração daquilo que pode tornar opaco o olhar, pois, quando o olhar, remelento de ideias e pensamentos, dirige-se a uma coisa, ele "não pode ver nada, mesmo se está diante de um objeto que pode ser visto" (I, 6, 9, 28).

Adotar a lógica do remover, do purificar, não implica em assumir como perspectiva aquela platônica do aspirar a um pensamento puro, pois, se o pensamento puro é a visão que ocorre quando a mente se destaca da inteligência ordinária, que não vê através da luz, mas se torna ela mesma a luz com a qual vê – "a visão é a própria luz" (VI, 6, 7, 20-21) – então, é impraticável para a mente humana. Essa visão metafísica do conhecimento que aspira a um pensar tão transparente ao ponto de fazer-se uma coisa só com o objeto e permitir, portanto, um conhecimento homogêneo e isomorfo do mesmo é irrealizável, já que o nosso pensar é sempre um pensar encarnado, inseparável da materialidade da vida; separação esta – algo inalcançável – da qual dependeria, segundo Platão (*Fédon*, 66a), a possibilidade de atingir um pensamento capaz de colher a essência das coisas.

Todavia, a impossibilidade de um pensar tão puro, a ponto de ser a própria luz que acaricia as coisas, não subtrai valor à prática espiritual do trabalho de remoção do inessencial. Remover, buscar a simplicidade essencial, constitui um dos imperativos espirituais. Situar-se nessa perspectiva exige, antes de mais nada, evitar perseguir demasiados saberes e, sobretudo, desativar o apego às próprias teorias e, em geral, ao excesso de ideias nem sempre adequadamente verificadas, a fim de eximir-se de que a vida da mente se sufoque no já sabido.

A mente não pode ficar numa condição de autorreflexão contínua, que permite filtrar as ideias com as quais entra em contato e dar assenso somente às que superam o crivo de uma avaliação escrupulosa; por vezes, ela se comporta como um vaso que se enche de muitas opiniões, não de ideias pensadas (Platão, *Fédro*, 235d). Quando a mente é entulhada de demasiadas coisas não essenciais para a busca da verdade do existir, é como se sobre a sua superfície se encrostassem conchas, algas e seixos impedindo de respirar (Platão, *República*, 611d-612a).

A mente capaz de ter acesso à verdade, de chegar à terra da verdade, é pintada por Platão como uma alma com asas. Uma alma que voa é obrigatoriamente uma alma leve, que de nada mais se ocupa além de investigar as questões essenciais. E a energia necessária para voar alto na direção da "terra da verdade" (Platão, *Fedro*, 248b-c) encontra-se somente quando o pensar não está carregado de entulhos inúteis. Por essa razão, é essencial remover, despojar-se do a mais. Remover, portanto, é uma atitude espiritual primária: o remover entendido como um agir sobre si para reduzir o excesso de certa imaginação que impede de ater-se ao real e de manter a atenção concentrada naquilo que nos acontece verdadeiramente, e o excesso de certo saber que, por não ser essencial, dificulta o acesso às questões vitais da experiência.

Para atingir o objetivo da leveza, é útil o método fenomenológico, do qual é possível redescobrir o valor formativo ao assumir a *epokhé* como movimento cognitivo fundamental. *Realizar a epokhé* significa colocar entre parênteses e, assim, anuviar muitas das nossas ideias e consciências, tornar inativas muitas das teorias que assimilamos na troca quotidiana com o mundo. Existem casos em que gostariam de eliminar certas crenças, certas opiniões percebidas que exercem pressão sobre a vida cognitiva, mas não é fácil cancelar ideias consideradas infundadas ou com relação às quais se nutre alguma dúvida. O exercício da *epokhé* permite, todavia, diminuir o poder performativo exercido por tais conteúdos do pensamento, pois realizar a *epokhé* significa comportar-se como se aquela ideia não habitasse a mente, surtindo o efeito de torná-la ineficaz, de neutralizar a sua força sobre a vida mental (Stein, 1922b, p. 178). A dificuldade dessa prática consiste no fato de que não se trata de uma simples remoção, mas de um explícito e consciente colocar entre parênteses. No exercício da *epokhé* está, portanto, implícito um empenho metacognitivo, o da reflexão que vigia o ato reflexivo, um empenho que absorve muitas energias mentais.

Mesmo com base nas reflexões husserlianas, o método fenomenológico é interpretado diversas vezes como um método ascético, pois exige colocar em ato exercícios semelhantes aos da mística, por exemplo, o reduzir ao mínimo as teorias disponíveis para tornar a mente um tecido transparente, o despotencializar o si para deixar o pensamento maximamente receptivo diante do perfil do fenômeno. Nesse sentido, o método fenomenológico não é um simples procedimento de pensamento, mas uma espécie de exercício espiritual, por produzir transformações na vida da mente. Trata-se de um método desafiador, porque requer um "abandonar si mesmo e os próprios estados, os próprios conteúdos de consciência, um *transcendê-los* para, segundo a possibilidade, chegar a um contato vivencial com o mundo" (Scheler, 1916, p. 118). O demasiado cheio de si impede o encontro real com o outro e, portanto, também o conhecimento autêntico dos princípios éticos sobre os quais, estoicamente, deveria ser concentrada a atenção para seguir o caminho da experiência com uma bagagem leve e ver o essencial.

No mundo que se abre diante da pessoa, existe uma ordem de possibilidades, passagens para outros lugares, que são intuíveis quando a mente é mantida livre do inessencial. Também saber suportar o déficit de sentido quando, apesar dos esforços, não se encontra nada que restitua o prazer do ser-aí, é um modo de ater-se somente ao essencial sem temer o muito pouco que se pode experimentar, pois uma carência que se aceita é uma carência viva, que mantém o ser aberto ao ulterior. Ao perceber a própria lacuna de ser, encontra-se a tentação a recorrer a uma série infinita de preenchimentos que, em vez de colmar o vazio, somente surtem o efeito de sobrecarregar a alma, impedindo outros inéditos movimentos de ser. Naquele pouco que parece ser o traço do essencial, existe a possibilidade de um ganho de ser que não se dá quando existe o preenchimento que não deixa frestas.

A via do remover, do prosseguir leve, da sobriedade é o exato contrário de pensar que o sentido está em acumular. Talvez nisso consistem a pobreza de espírito e a pureza de coração que constituem um dos imperativos existentivos de inspiração evangélica. É quando o pensar se libera do não essencial que ele tem acesso à realidade na sua dimensão originária.

Não se pode cuidar de demasiadas coisas. É preciso buscar a justa medida. No templo de Delfos, além do imperativo "conhece-te a ti mesmo", encontrava-se também escrito "nada em demasia" e "a nada te vincules", ou seja, permanece no essencial e com leveza diante de qualquer coisa, desligando a alma de apegos arriscados. O exercício espiritual inspirado pelo princípio de praticar a busca do essencial deixa a alma respirar o frescor do vazio. É próprio do cuidado espiritual fazer com que a alma reencontre um respiro livre[29].

---

[29] Weil (1947, p. 49-71) levou ao extremo a técnica da remoção, do tornar leve, ao falar da prática de destruição do eu para deixar a alma vazia, pois a ação de esvaziamento do eu seria a única capaz de fazer da alma um receptáculo para a ação divina. "Uma vez que

Tornar-se leve para ater-se ao irrenunciável pode ter um forte valor existencial para todo ser humano e revelar-se especialmente necessário para as pessoas que se deixam tocar profundamente pelas coisas; de fato, existem pessoas que, na sua profundidade, deixam-se tocar pelos eventos; outras que, por sua vez, os vivem de maneira periférica (von Hildebrand, 1922, p. 74). Se, por um lado, deixar-se tocar profundamente é sinal daquela abertura ao outro e às coisas necessárias para a construção de relações de comunhão intensas, por outro, significa encontrar-se expostos e vulneráveis num campo onde o próprio ser está em jogo. Essa experiência interior de

---

se compreende que se é nada", escreve Weil, "o fim de todos os esforços é tornar-se nada" (p. 63). Se uma interpretação, assim, radical da prática do deixar leve o ser é concebida apenas no contexto de uma visão religiosa, sustentada por uma tendência ao transcendente, contudo, é útil retomar dessa concepção o conceito de "destruição dos próprios apegos", entendido como tendência a despotencializar a ilusão de ter forças e energias enquanto possuidor de coisas, sejam materiais ou imateriais. As várias formas de apego – às próprias crenças e teorias, às próprias atitudes e capacidades – escravizam a alma, impedindo-a de entrar numa relação verdadeira com o real. A renúncia a conceber o sentido como posse de algo não só permite à mente acolher também outras possibilidades, o que seria impensável por estarmos cheios dos nossos apegos, mas também, paradoxalmente, a dispõe a uma diferente forma de domínio sobre as coisas, um *domínio desapegado*, pois só quando se é capaz de enfraquecer a tendência aquisitiva é que fica disponível uma energia radiante que possibilita a ativação de um movimento real do ser-aí para poder habitar com os outros no mundo.

comparticipação e de vulnerabilidade sensível é bem documentada por quem trabalha com o cuidado, por quem se dá conta dos riscos que corre ao deixar tocar demasiadamente. A prática do cuidado é, na sua essência, um dedicar-se ao outro de coração; há, porém, uma prática defeituosa, na qual ao outro se dedica muito pouco, e uma prática excessiva, na qual a dedicação é exagerada. Em ambos os casos, trata-se de uma situação de desmedida que, porém, no caso da comparticipação excessiva, comporta riscos para a pessoa que age. Trabalhar em si para individuar o imprescindível e cuidar do próprio princípio interior significa construir um ponto de ancoragem para manter-se a salvo de certos excessos.

O trabalho de tornar leve o próprio ser não deve ser entendido como destinado apenas aos "conteúdos" que entulham o ser, mas também aos "modos" de ser. Duas são as vias diferentes do ser-aí: a tensão e a distensão (Scheler, 1955, p. 166-167).

A vida da tensão nos faz ativos, tendentes às coisas, prontos para dar corpo a ações construtivas; a distensão nos mantém passivos e receptivos ao mundo. Entre as tarefas próprias do tempo presente está também a de redescobrir o valor da capacidade de distensão, mesmo se descreditada pela nossa cultura, esta que é toda centrada na valorização do ativismo, na presença incisiva de si sobre as coisas. Distender-se significa cultivar a postura receptiva, aquela que coloca a mente na condição de ser sensível aos outros e às coisas no seu ser próprio. Essa receptividade, que se manifesta em correspondência a um trabalho empenhado a desativar um certo excessivo ativismo voltado a afirmar si mesmo, constitui a condição para perceber o ser próprio das coisas e dos outros que vêm ao nosso encontro.

Aliviar a mente, liberando-a daquilo que a deixa pesada, é uma prática espiritual que deve ser entendida não só como eliminar conteúdos não essenciais, mas também como tomar distância do pensar comum, dos discursos que parecem sensatos e, no entanto, vinculam-nos a um saber não vivo, não vital. Quem vai em busca do saber da alma, da arte que permite autenticar a existência, precisa de um pensar tal que seja extraordinário, porque se mantém alheio às regras estabelecidas e ousa explorar caminhos não frequentados. Trata-se de um pensar incômodo, um pensar alado, pois se distancia do pensar consueto, daquele que frequentemente permanece atolado nas coisas de pouca importância.

Esse pensamento alado, capaz de mover-se fora da ordem dos discursos comuns, radica-se somente em "uma alma delicada e imaculada" [ἁπαλὴν καὶ ἄβατον ψυχήν] (Platão, *Fedro*, 245a). Delicada é uma mente cujo pensar não se endureceu na arrogância de ter certezas; e imaculada é a que se deixa mover por tendências justas, sendo justas aquelas que mantêm a mente concentrada na busca por aquilo que faz bem ao viver. Diversamente do que pensam os raciocínios habilidosos (*Fedro*, 245c), considerando que o pensar eficaz se concretiza em sistemas filosóficos arrojados e herméticos, visando aferrar a verdade nas grades de discursos racionalizantes, a mente tem necessidade de um pensar alado. O pensamento alado é algo distinto daquelas vias do pensar que se desenvolvem pelo aprendizado de habilidades técnicas (*Fedro*, 245a), é algo que germina quando a mente se mantém próxima das "coisas dignas de serem amadas" (*Fedro*, 250d). Para manter a mente junta das coisas que precisam de atenção, é imprescindível nutri-la com aquilo que Platão define como "belos pensamentos e nobres especulações" (*República*, 571d-572a).

É difícil afirmar com precisão em que isso consiste. Talvez os pensamentos belos sejam os que nos ajudam a encontrar algum fragmento da arte de viver, que identificam estratégias realizáveis e úteis para superar as dificuldades, que indicam horizontes de reflexão a partir dos quais é possível traçar percursos de sentido do existir. Nobres especulações, talvez, sejam as que se mantêm unidas ao essencial, mas, ao mesmo tempo, desvinculadas de qualquer pretensão definitiva e, portanto, abertas à possibilidade de percorrer caminhos imprevistos; nobres são as que nutrem na mente um olhar lúcido, que mantém a atenção vigilantes diante de visões enganosas da vida. Todavia, sobretudo, são bons aqueles pensamentos e especulações que alimentam a mente com a paixão pelas questões de valor.

As coisas de valor, aquelas pelas quais é sensato apaixonar-se são, para Platão, as questões que dizem respeito à virtude: o que é a sabedoria? o que é a temperança? como se faz para ser justo? etc. (Fedro, 250b). Tais questões deveriam, porém, ser postas não tanto ou não somente para individuar a essência geral de cada virtude e capturá-la num conceito claro e perspícuo, como pretende Sócrates, mas para compreender como praticá-la no aqui e no agora, assumindo, portanto, essas questões como questões práticas, questões da ética quotidiana.

Dedicar-se a pensar nas questões consideráveis a respeito das quais se deve pensar, para buscar as coordenadas que permitem compor com sentido a existência, significa dedicar-se ao que é irrenunciável e nessa concentração sobre aquilo que deve ser pensado é que é possível encontrar o caminho para dar uma boa forma ao tempo da vida.

Permanecer em busca do essencial exige energia necessária para que a mente se mantenha concentrada nas questões que, sendo de mais alto valor para o ser-aí, consomem a força do pensar. Essa energia pode ser encontrada em exercício concomitante de duas práticas espirituais: liberar-se daquilo que pesa a mente e impossibilita o voo do pensamento e manter a alma vinculada ao exame das questões essenciais, pois é justamente mantendo-se em contato com as questões de valor que a força do pensar bem orientado é encontrada. Como Platão explica, "a asa, graças à qual a alma pode elevar-se" à busca das coisas essenciais, precisa de energia e esta energia vem da concentração sobre as questões de valor que se encontram na "terra da verdade" (*Fedro*, 248b-c). Para nutrir a força vital necessária para cada movimento de transcendência, a mente deve evitar o máximo possível pensar em coisas inúteis que a tornariam pesada ao ponto de arriscar perder as próprias asas; em vez disso, é preciso cultivar a postura que nos mantém firmes na procura daquilo que consideramos digno de ser buscado. Essa postura é alimentada pela constância na busca das coisas que valem a pena serem investigadas; porque quando o olhar se concentra em questões essenciais, então, é como se a mente percebesse um calor que flui nos seus tecidos e permite que brotem as asas do pensamento (*Fedro*, 251b-d).

O princípio do liberar-se do inessencial para buscar a densa leveza do irrenunciável vale não só no âmbito da formação epistêmica, mas também naquele ontológico e ético. Procurar aquilo que é imprescindível para a plena existência de atuação do próprio ser significa focalizar o núcleo que ocupa o lugar de mais alto valor na vida de uma pessoa, aquela esfera axiológica em volta da qual tudo gira. O imprescindível é constituído por aquelas coisas que podem ser definidas como de uma tal importância vital que constituem o ponto decisivo para a existência de uma pessoa[30].

---

[30] Segundo Von Hildebrand (1922, p. 80), há momentos na vida em que o lugar do imprescindível permanece vazio; contudo, cada pessoa tem a tendência a preencher esse lugar. O problema está em

O estar em busca do essencial é fonte de um sentir positivo. Como afirma Platão, a mente se alegra por estar com a atenção voltada para "as realidades dignas de amor" (*Fedro*, 250d), aquelas consideráveis de se pensar. Mas essa alegria mental pode ser experimentada somente quando a mente está leve, limpa de todos aqueles conteúdos que obscurecem o olhar. A mente somente se alimenta com o que lhe traz alegria, e alegria deriva de aliviar (Agostinho, *Confissões*, XIII, 27).

Todavia, estar numa condição de alívio não equivale, porém, à vacuidão, ao pensamento que evita os riscos incômodos de certas questões. A leveza que permite que pensamento alce voo tem o peso da responsabilidade de buscar a verdade, pois somente então a mente "encontra alimento e é feliz" (Platão, *Fedro*, 247d). A prática espiritual do remover significa, portanto, aliviar o pensar daquilo que o torna pesado, para torná-lo capaz de concentrar as energias em coisas dignas de serem investigadas; trata-se de concentrar-se naquilo em que não se pode deixar de pensar, uma concentração que produz um sentir positivo que se traduz em energia boa para a vida da mente, energia que faz germinar a força do pensar.

---

preenchê-lo através de um processo meditado, o que é diferente de subjazer passivamente às modas e, em geral, aos condicionamentos externos. Cuidar de si significa evitar esta segunda possibilidade para situar-se como sujeito que escolhe livremente aquilo em razão do qual vale a pena existir.

A autocompreensão exige a ativação da reflexão, ou seja, daquele comportamento no qual se observa aquilo que acontece em si mesmo. Para o desenvolvimento de uma boa atividade reflexiva, é preciso que o sujeito tenha cultivado o máximo possível as práticas espirituais anteriormente indicadas. Não dá uma intensa reflexividade se a mente não é capaz de uma atenção concentrada nas próprias vivências; sem o silêncio interior, a capacidade reflexiva é despotencializada, pois a vida da mente, se está sobrecarregada e distraída, não consegue concentrar no ato do pensar o vigor necessário. Sem conceder tempo não é possível encontrar o espaço do qual a reflexividade necessita, já que ela exige uma adequada tranquilidade cognitiva. Ao eliminar os excessos e manter o essencial, evita-se que as energias mentais se dispersem para, então, fazê-las confluir na alimentação da potência reflexiva. Mas isso não basta, pois o cuidado de si precisa também de outra coisa: de energia vital.

O empenho em cultivar as práticas de espiritualidade não só implica numa decisão difícil, mas também, que deve ser continuamente renovada, entretanto requer a disponibilidade de uma energia vital adequada, a que nos conserva numa certa tendência e mantém abertos os olhos da mente. A energia vital é uma energia positiva indispensável para o desenvolvimento de todos os atos pessoais, aqueles em que a nossa individualidade essencial se atualiza. A força vital indica o grau de bem-estar interior. Quanto mais alguém se sente bem, sente cômodo no presente que está vivendo, mais consegue manter abertos os olhos da mente e conservar firme a orientação da atenção na direção de conteúdos essenciais; e quanto mais intensa é a capacidade de concentrar-se no objeto, maiores são as possibilidades de um conhecimento adequado. Ideias boas e sentimentos positivos, quando não são animados pela força vivificante, dificilmente são capazes de gerar um movimento do ser-aí, o movimento que nos faz começar algo novo; sem a energia vital, o pensar e o sentir são capazes apenas de um tender fraco, sem a energia necessária para abrir a experiência para o ulterior (Stein, 1922a, p. 111). Existe, portanto, um círculo virtuoso entre o cuidado de si, que é orientado primariamente a cultivar a energia vital necessária para desenvolver os atos pessoais nos quais a nossa individualidade essencial se concretiza, e a possibilidade de atuar as práticas de espiritualidade indispensáveis para cuidar de si.

Quando Stein fala de "força vital" (Stein, 1922b, p. 170; 1962a, p. 89), ela não introduz um elemento metafísico, como tal, inverificável, mas fala de um fenômeno que cada um de nós percebe quando se detém para pensar e compreender a qualidade do próprio ser-aí. Pode ocorrer de sentir dentro de si um vigor da força vital, que mantém o nosso ser-aí presente e ativo o tanto necessário para experimentar um bem-estar existencial; ou pode-se perceber uma fraqueza da força vital, que nos faz sentir uma espécie de diminuição das possibilidades de existir. Se uma certa quantidade de força vital é necessária para aquelas atividades do eu nas quais o sujeito sente que encontra consistência, então, é ainda mais indispensável para cada um individuar aquilo que nutre e aquilo que consome tal força.

Uma ação significativa sobre a força vital parece ser exercida pelos atos afetivos: as tonalidades emotivas que impregnam a carne da alma, os sentimentos que orientam os nossos gestos, as paixões que colocam em movimento e, por vezes, desequilibram. Enquanto Stein (1922b, p. 195) considera que toda a experiência afetiva implique num dispêndio de força vital, independentemente da sua qualidade, mostra-se, porém, fenomenologicamente evidente que o sentir negativo consome a energia vital, enquanto o positivo a alimente.

Os sentimentos negativos consomem ou obstruem a energia interior. O medo pode paralisar a atividade cognitiva, contudo, ainda mais problemático é o medo de ter medo, ou seja, o temor previsional dos efeitos paralisantes que o medo exerce sobre o próprio ser-aí, pois esse temor mantém o sujeito bloqueado por atitudes defensivas que terminam por impedir que se viva um tempo vivo. No medo de ter medo, a energia vital se consome em atos mentais desrealizantes, pois o sujeito é absorvido na prefiguração de eventos possíveis e na imaginação de possíveis reações pessoais, ele se retira do presente, que é o tempo do ser-aí. O medo do medo, que é substancialmente medo de não conseguir dar conta da tarefa de exigir, impede que a energia vital aja na sua direção originária, aquela de "colocar o viver em movimento" (1922b, p. 197), e mais especificamente, que ela alimente atos livres nos quais o próprio perfil original se atualiza.

O sentir negativo, que prova sofrimento, não só reduz a energia disponível, como também, em certos casos, suscita o desejo do desaparecimento da energia vital de que se dispõe. Se é verdade que existe uma proporcionalidade direta entre força vital interior e sensibilidade da alma, então, dispor de uma certa força interior aguça a sensibilidade, e esse fenômeno pode se tornar problemático ao viver experiências dolorosas, pois essas vivências se mostrariam mais vívidas; nesses casos, a mente aspiraria a exaurir sua força, o seu estado de vigor, até sentir que já não se sente mais. Quanto mais a alma é viva e sensível, mais intensamente se dá conta da qualidade da experiência, e quando a experiência é a de um sofrimento que parece não terminar, então, surge o desejo de dessensibilizar a alma, de fazer desaparecer a sua força, de sentir esmorecer aquele sentir que é uma coisa só com o ser-aí.

Quando esse desejo destrutivo age calado na mente sem ser analiticamente meditado e ressignificado à luz de direções de sentido precisas, ele pode levar a pessoa a buscar o exaurimento das próprias energias mentais pelo empenho numa série desordenada de atividades, fazendo com que, no fim das contas, em vez de aquietar-se numa dessensibilidade que não é perda de ser, mas prelúdio de outra coisa, ela experimente somente um sentido negativo de exaurimento do ser.

Por outro lado, o sentir positivo distende a alma e dá-lhe um sentido de bem-estar traduzido em aumento de energia vital:

> Num estado de cansaço, no qual me sinto quase sem vida, interiormente enrijecida, tomo um livro ou uma poesia que amo particularmente e me toca o entusiasmo pela sua beleza. Num primeiro momento, talvez, será difícil para mim aumentar esse entusiasmo – a força presente em mim só é suficiente para poder viver esse conteúdo – mas, assim que ele começa a fluir em mim, vai me enchendo cada vez mais até inundar-me completamente; o cansaço desaparece e me sinto como que renascida, cheia de frescor, de vida, de estímulos para empreender uma nova atividade vital (Stein, 1922b, p. 193).

Ao sentirmos em nós um frescor, pois percebemos a alma nutrida por uma força vivificante, podemos perceber que somos capazes de uma atividade mental intensa, e essa sensação positiva está frequentemente na origem de aventuras intelectuais que permitem obter resultados significativos antes não previsíveis.

Contudo, a presença de um sentimento positivo ou negativo não basta para que se produzam modificações na nossa força vital e, ao mesmo tempo, no nosso modo de nos posicionarmos diante do mundo. Pode ocorrer de apreciar o comportamento de uma pessoa e que, por conseguinte, sentir por ela um sentimento de gratidão; mas se essa gratidão não é sentida de maneira viva – isto é, se permanece um sentimento superficial, que não toca profundamente a vida da alma –, então nenhuma força vivificante floresce no sujeito que o vivencia.

A teoria de que o sentir depende dos atos avaliativos é reforçada ulteriormente pelo fato de que o grau de vitalidade e, portanto, de significatividade ontogenética com que se vive um sentimento é diretamente proporcional ao grau de avaliação positiva atribuída a um evento vivido ou à própria situação experiencial e ao papel que o valor de referência tem na nossa escala de valores. É própria somente dos sentimentos vivos a possibilidade de pôr à disposição da pessoa a vitalidade necessária para dar início a algo novo, a um agir novo, seja este interior ou dirigido aos outros.

Se o sentir surte efeitos significativos sobre a força vital, é também verdade que, por sua vez, a intensidade com a qual experimentamos o nosso sentir depende da quantidade de força vital disponível. Essa reciprocidade morfogenética em termos de uma proporcionalidade direta entre qualidade de força vital e intensidade do sentir explica, talvez, porque, para as pessoas idosas, que sentem terem dado o possível à vida e percebem a proximidade do fim do próprio caminho, certos sofrimentos, que no vigor dos anos rasgariam a alma, provocando desequilíbrios no pensar e no sentir, mostram-se mais toleráveis, quase como se fossem atenuados. Pode ser que o equilíbrio com que os mais velhos enfrentam as coisas não dependa somente da sabedoria adquirida ao longo do tempo, mas da mudança da qualidade da força vital, como se a raiz do nosso ser viesse em auxílio de maneira adequada ao tempo que se vive.

Uma vez que a força do sentir e a sua coloração dependem de um ato avaliativo preciso exercido sobre a experiência, e tal ato está relacionado ao tipo de valor e à posição que este ocupa na escala geral de valores, então, aceitando essa premissa, a possibilidade de cultivar a própria energia vital se mostra ligada a um trabalho de reflexão sobre os valores que orientam o nosso pensar e o nosso sentir.

Pode-se cair numa visão mentalista e, portanto, abstrata da energia vital se não se leva em conta a sua codependência da força vital sensível, aquela que nós sentimos no corpo (Stein, 1922b, p. 197). A mente está imersa no corpo, na materialidade da vida; um pensar purificado da vida sensível não nos é dado, razão pela qual o pensar puro do qual falava Platão, aquele que tem acesso só à verdade, não é possível, já que o mesmo pressupõe a dissolução de todo vínculo com o corpo. Existem momentos nos quais o cansaço que atravessa o corpo parece colorir também a vida da mente, impedindo que ela empregue a força interior da melhor maneira possível; assim como, em outros momentos, um prazer sensível pode provocar uma sensação de frescor na mente. A vida corpórea, que nos mantém imersos nas coisas, pode ser um obstáculo para a vida da alma ou pode nutri-la. Reciprocamente, a vida da alma produz efeitos na dimensão sensível: uma alegria inesperada faz com que se perceba um vigor no corpo e pensar que seja possível dar uma atuação positiva a uma paixão permite encontrar uma energia que parecia perdida; quando a dor da mente é tal que parece que ela está se quebrando, o corpo também parece tremer e despedaçar-se.

Uma vez que o corpo é parte da natureza, através dele a mente se nutre da qualidade das experiências que estão em contato com os elementos sensíveis. O contato com os elementos naturais pode ser percebido como fonte de energia: o simples deixar pairar o olhar no verde reluzente das folhas novas de arbustos de louros produz um sentido de prazer e este prazer sensível pode traduzir-se em sensação de frescor e de relaxamento da mente; o cintilar do clarão da aurora no tocante à superfície do mar pode se tornar luz espiritual que refresca o respiro do pensar, a mente bebe o azul e a alegria inesperada a invade.

Devido à estreita conexão entre energia vital interior e força vital sensível, a vida da mente se encontra enraizada na vida corpórea que nos mantém em relação com a mais ampla vida da natureza; por essa razão, experiências positivas no plano da sensibilidade corpórea são fontes de forças corroborantes que têm um efeito positivo também na vida da mente, não no sentido de que a "força vital sensível" se traduz imediatamente em energia mental ou em "força vital interior", mas porque fornece aquele bem-estar que permite à mente de empregar a sua energia vital da melhor forma possível.

Como a vida material, também a vida espiritual precisa de uma fonte de energia: a vida corpórea encontra no estar entre as coisas fontes de bem-estar ou de mal-estar que agem sobre a *força sensível*; analogamente, estar com o pensamento concentrado nas questões de valor e perceber que a fadiga do pensar revela outras paisagens de ser dá vigor à alma, nutrindo a *força espiritual*. Mesmo que a vida espiritual, na qual o ser humano encontra a sua essência, seja dotada de fontes de energias próprias, ela não é separável da vida corpórea, e por esta é influenciada, quer pelo seu vigor, quer pelo seu cansaço; a minha mente está presente em todas as partes do corpo, sente-o e deste sentir não se pode desvincular;

a percepção dos processos corpóreos faz parte da minha vida assim como o pensar e o sentir.

Se a vida espiritual padece da qualidade da vida sensível, também o contrário é verdadeiro. Já que a vida espiritual é ligada à vida corpórea, ela pode ter sobre ela efeitos saudáveis: quando, após um trabalho espiritual, a mente degusta o prazer daquela claridade que se abre no fundo da alma, isso desemboca no corpo, que parece tornar-se mais vital. Mesmo na noite mais escura, quando corre-se o risco de que a falta de luz leve o pensamento a zonas da mente inundadas por sofrimento, a força espiritual que vem do manter a atenção sobre certos pensamentos pode gerar o prazer espiritual que faz com que o escuro da noite pareça mais claro, permitindo ressignificar a experiência das coisas[31].

---

[31] Entre as práticas de espiritualidade em uso na idade antiga, Foucault identifica também a importância do cuidado do corpo como cuidado dietético (1984, p. 60). Devido à atenção frequentemente obsessiva, mas também não bem direcionada, que o tempo presente dedica ao corpo, pode parecer não necessário considerar este tema. Todavia, a fenomenologia da relação corpo e alma elaborada por Stein (1962a) obriga-nos a algumas breves anotações. Stein não se limita a aprofundar o tema da corporeidade, mas conecta a dimensão corpórea ao cuidado da vida interior e argumenta profundamente essa posição teorética. Desenvolvendo um tema husserliano, Stein coloca o foco no "corpo vivente" para afirmar não só a unidade incindível entre corpo e mente, mas também a importância que o bem-estar corpóreo tem sobre a vida da alma. Ela concebe o corpo vivente como a "forma externa" da vida interior (1962a, p. 88), uma zona periférica que está em estreita relação com a parte espiritual da pessoa,

Sustentar a tese de uma estreita dependência entre vida corpórea e vida interior não significa fazer depender completamente a vida espiritual daquela sensível. Mesmo se a força interior é condicionada por aquela

---

ao ponto de que ser afetado por um leve sofrimento orgânico não deixa indiferente o mais racional e abstrato dos processos mentais: ou o sofrimento se limita a subtrair forças da atividade mental, cuja atenção ao seu objeto pode passar a ser intermitente, ou pode ter a força de desviar completamente a atenção, constituindo um obstáculo para a vida cognitiva (p. 89). O bem-estar, por sua vez, que sentimos no inteiro corpo vivente, traduz-se num íntimo sentir positivo, que permite à mente de concentrar a força viva sobre as suas atividades. Justamente enquanto unidade de corpo e mente, ao ser humano é confiada a responsabilidade do cuidado não só da mente, mas também da vida corpórea. "Se o corpo é transcurado ou tratado mal, então, evidenciam-se distúrbios nas funções corpóreo-viventes e corre-se o risco de que, por conseguinte, a vida interior seja perturbada" (p. 91). Uma atenção adequada à vida corpórea é, portanto, condição necessária para um bom funcionamento da atividade cognitiva. Em sintonia com a experiência mística, Stein afirma que o cuidado do corpo acontece também através da ascese, que é a condição em que se realiza, por um lado, a mais alta sensibilidade possível a tudo aquilo que acontece normalmente de maneira inadvertida, e por outro, uma insensibilidade absoluta diante das pressões exercidas pelo corpo (p. 92). O que torna importante essa observação de Stein sobre a ascese é a percepção de que essa prática pode ter efeitos negativos sobre o cuidado da vida interior quando é perseguida como valor em si, e não é praticada unida à busca contínua das fontes da vida espiritual. Somente quando não se cessa de perseguir as coisas de valor e, ao mesmo tempo, de cuidar não só das fontes da vida espiritual, mas também da materialidade da vida, é que se evita o risco de um esvaziamento interior que aniquilaria as forças vitais (p. 93).

sensível, pode-se identificar, a partir de uma análise fenomenológica da experiência, que é possível experimentar vivências cognitivas que são expressões de um certo vigor mental mesmo quando a vida corpórea está cansada; é o caso do desenvolvimento de atos livres, que se atualizam mesmo em condições de uma fadiga corpórea, sinal de que existe a possibilidade de um frescor da mente mesmo em condições sensíveis que não são ótimas. De fato, é própria da vida interior a capacidade de obter forças de si mesma e isso acontece quando, após um empenho mental num certo conteúdo, o sujeito experimenta um sentido de íntima satisfação que parece bastar para reintegrar as energias vitais consumidas. Não é possível deixar de notar que a alegria advinda do sentir que se está fazendo um bom trabalho do pensamento é consequência de uma autoavaliação em que, por meio de uma reflexão de segundo grau, a mente qualifica positivamente o trabalho cognitivo no qual está imersa: o que indica um sinal ulterior da primariedade dos atos avaliativos para a qualidade da existência.

Confirma-se, portanto, o valor existencial da prática da compreensão da qualidade da vida mental ao evidenciar não só a sua essência, ou seja, a qualidade dos atos mentais que indicam o seu *quid*, mas também conduzindo uma *análise axiológica*, identificando o grau de valor para a vida espiritual dos diferentes atos mentais. Em outras palavras, a primariedade existentiva dos atos axiológicos decide a primariedade, no processo de autoinvestigação reflexiva, do meditar os atos espirituais que atualizam a análise das coisas de valor que orientam a vida da mente, aquela análise que permite decidir em que direções investir a própria energia vital. Disso emerge, confirmando a tese com a qual deu início ao presente estudo, que o conhecer si mesmo é uma prática de espiritualidade enquanto, se dirigida ao essencial, fornece os dados de conhecimento que constituem a premissa necessária para atuar decisões significativas com respeito à finalidade de encontrar a orientação de sentido do próprio ser-aí.

Para intensificar a força plasmadora das práticas de espiritualidade, é útil acompanhar o trabalho interior com a escrita. A potencialidade da escrita em plasmar o pensamento é conhecida desde a antiguidade. Marco Aurélio escrevia máximas que condensavam orientações para conduzir a vida e as acompanhava com indicações sobre o modo de praticá-las. Para que os princípios do viver sejam "evidentes, nítidos e prontos a serem aplicados" (Epiteto, *Diatribes*, I, 27, 6), é útil meditá-los por longo tempo e, para isso, serve o escrever, pois a escrita permite render disponíveis ao olhar reflexivo as linhas essenciais de orientação e mantê-las sob o olhar seria a condição necessária para fazer com que se tornem elementos estruturantes da vida da mente. Somente ao serem repetidamente meditadas é que se tornam, de fato, capazes de explicitar toda a sua força performativa no modo de ser-aí. E, para que os princípios da arte de viver se convertam em instrumento vivo da experiência, eles devem ser escritos de forma concisa e essencial (Hadot, 1992, p. 43). É assim que a escrita se torna exercício espiritual.

Escrever o pensamento de modo que o exercício do escrever seja formativo exige essencialmente trabalhar nas palavras. Já que a verdade toma forma com as palavras e a linguagem é a casa em que habita o sentido do existir, é preciso cuidar das palavras. Há um cuidado ao procurar aquelas que melhor nos ajudam na busca da verdade, sem deixar-nos tomar por alguma preocupação por embelezar e, ao mesmo tempo, mantendo a mente desvinculada da tendência a deixar-se abrandar por uma retórica que falsifica a percepção das coisas.

Imediatamente, ao buscar uma linguagem capaz de dizer a qualidade da vida da mente, encontramo-nos com a dificuldade de encontrar palavras adequadas para designar a realidade interna, aquela não visível. A nossa linguagem é, antes de tudo, uma linguagem do mundo externo, que se forma como resposta ao interesse primário do ser humano pela realidade exterior. A impalpabilidade da vida interior torna necessária a referência à linguagem ordinária que permite uma movimentação confortável entre as coisas e, em muitos casos, isso pode funcionar; todavia, é preciso vigiar o efeito que certas expressões podem ter a respeito da percepção interna. Falar da alma com os mesmos termos com os quais se fala de coisas produz uma coisificação do fluxo interior que pode encarcerar o pensar reflexivo em dispositivos cognitivos que vão em busca de um "objeto" interno, isto é, de uma coisa com dimensões espaciais, em vez de interpretar a reflexão como um olhar que acompanha o fluxo vivente dos pensamentos.

A metáfora espacial do "castelo interior", por exemplo, com a qual, na mística, fala-se da vida da alma, se, por um lado, tem o efeito positivo de orientar a uma investigação que sabe distanciar-se da superfície para ir à profundidade, por outro, pode induzir à percepção de uma estrutura estratificada da alma, como se no fluxo do pensamento houvesse âmbitos bem distintos, quando, na verdade, pensamentos dotados de um certo grau de profundidade estão, por vezes, misturados a pensamentos superficiais e as convicções mais meditadas trazem consigo crostas irrefletidas que deveriam, porém, permanecer na superfície sem atingir o núcleo vivo do pensar. Mesmo para descrever a conformação mais simples do fluir das nossas vivências, é necessário um grande esforço para lutar contra a tendência a usar a linguagem, assim como o fazemos para o mundo externo e, em vez disso, buscar reinventá-la de modo a fazê-la capaz de dizer as nossas partes mais esquivas.

O trabalho criativo com a linguagem, para torná-la apta a dizer a essência da vida da mente, é indispensável, pois, quando faltam palavras capazes de dizer adequadamente a qualidade das vivências, estas não podem sequer serem percebidas claramente. As palavras não têm a simples função de dizer aquilo que já é percebido, mas o seu poder se estende ainda mais: elas permitem ver melhor os contornos das coisas. Existe uma recursividade reciprocamente geradora entre a busca por dar um perfil às vivências e a procura por palavras adequadas a dizer a essência das mesmas.

O sentido da linguagem consiste em saber dar

voz àquilo "que vive na alma e comunicar-se, assim, aos outros" (Stein, 1997, p. 114). Saber encontrar as palavras que dizem fielmente o sentido da experiência é, portanto, atividade espiritual essencial. Uma vez compreendido que a função da linguagem é estruturante com relação à realidade, e não meramente expressiva, não podemos deixar de assumir a responsabilidade ética da palavra.

É imprescindível esforçar-se por uma *ética da palavra* em vista de uma escrita capaz de contribuir ao cuidado de si; uma ética expressa, primeiramente, na busca das palavras aptas a transmitir o sentido da experiência, palavras vivificantes. Existem palavras que pretendem operar uma cobertura total da experiência que temos das coisas: é necessário evitá-las, liberar-se desse engano. É preciso buscar as palavras que deixam fendas de silêncio, indícios daquilo que nos parece indizível; palavras vivas que sabem ser, que sabem aglutinar o sentido da experiência. A linguagem viva não é algo que se pode adquirir como um objeto já disponível: deve ser cultivada buscando palavras verdadeiras e novas técnicas para tecer o discurso.

DIREÇÕES DE SENTIDO DO PROCESSO DE AUTOANÁLISE

Para serem cultivadas, as práticas de espiritualidade exigem que a mente se mantenha em direções de sentido precisas.

Recordar sempre a si mesmo dos limites do próprio saber

Como já dito, o processo de autoformação tem sentido a partir da busca da sabedoria do humano (ἀνθρωπίνη σοφία) (Platão, *Apologia de Sócrates*, 20d), que é imprescindível para autenticar o tempo da existência; e, ao mesmo tempo, da consciência de que o saber que eventualmente esboçamos é destinado a permanecer inevitavelmente incerto, frágil. Não ter o sentido do limite, ou seja, não conhecer a medida do valor relativo e contextual do próprio saber é o dano maior. A verdadeira sabedoria consiste em avaliar sempre a real medida do saber.

Ao ler textos antigos, é fácil deixar-se fascinar pelo objetivo que era dado ao processo de autoformação como cuidado de si: buscar a sabedoria. Sócrates fala disso na *Apologia*, atribuindo à busca da sabedoria a qualidade de direção de sentido do processo de autoformação. Sem negar o valor dessa direção de sentido, a sua irrenunciabilidade, todavia, devem-se apontar apropriadamente os contornos desse objetivo para que ele seja plausível.

A sabedoria das coisas humanas não é um objeto que pode ser possuído por alguém; pensar de poder adquiri-la significa situar-se na desmedida. Assumir a tese da não acessibilidade plena à sabedoria do viver não significa, contudo, renunciar a persegui-la, mas sim colocar-se em busca, sabendo dirigir-se a um percurso jamais concluído. Não é possível renunciar ao perseguir a sabedoria, mas isso deve ser feito, sabendo que a nós serão acessíveis apenas alguns fragmentos dispersos.

Ater-se à realidade

Acontece que, para suportar a dureza da realidade e a debilidade do nosso ser, tendemos a nutrir ilusões, a esconder inadequações e incapacidades. Contudo, cada ilusão que busca preencher o vazio percebido somente distancia-se da verdade. E, quanto mais insiste em buscar preenchimentos ilusórios, mais a alma adoece. Por isso, é essencial saber ater-se à realidade assim como ela é. Ao sentir que há a falta da ideia justa, o saber adequado ao momento, é preciso exercitar em ater-se a pensamentos reais, desativando a tendência a colmar os vazios. "Amar a verdade significa suportar o vazio" (Weil, 1947, p. 25).

É necessário saber suportar não só o vazio do saber, mas também o vazio do reconhecimento. Cada um tem necessidade de sentir-se reconhecido pelo olhar do outro, sobretudo, por quem se admira. Mas nem sempre tal reconhecimento é recebido. Pode acontecer que alguém se sinta carente daquela energia que só lhe vem do outro. Torna-se, assim, necessário saber ater-se à carência, e não buscar nada. Em certos momentos, é essencial a capacidade de estar no pouco: aceitar o pouco poder que há e exercitar apenas ele, não buscar reconhecimento, mas buscar apenas estar na verdade.

O ponto de partida de um pensar que sabe ater-se à realidade não pode ser outro além do dado real: "O ponto de partida é o dado de fato (ἀρχὴ γὰρ τὸ ὅτι)" (Aristóteles, *Ética a Nicômaco*, I, 4, 1095b 6). Estar na realidade não significa deixar-se condicionar pelas coisas assim como elas se dão, deixar-se arrastar pelos movimentos de força, subjugar-se aos núcleos de poder. Pelo contrário: significa ater-se àquilo que se mostra necessário fazer quando se está com o pensar e com o sentir empenhados na busca por compreender o que é justo e o que é bom fazer naquele momento preciso. Isso não é mística, mas política do quotidiano.

Confrontar-se com mais saberes

Para não empobrecer o pensar dentro de perspectivas redutivas, é preciso confrontar-se com mais saberes, pois nenhum saber engloba a verdade do ser-aí; cada um é inevitavelmente parcial, pois é construído por um olhar específico e, portanto, parcial a respeito da experiência. Examinar mais perspectivas significa encontrar mais caminhos de pesquisa, dilatar o mapa dos percursos praticáveis e, portanto, ampliar a escolha de ações possíveis. O importante é que o confronto seja real, ou seja, não marcado por preconceitos, e construído ao longo de muito tempo, o suficiente para permitir a escuta e o diálogo autêntico com o pensamento do outro. O sentido do encontro com outros mundos de pensamento deve ser individuado não em querer adquirir outras ideias (lógica assimilativa), mas em experimentar diferentes vias do pensar (lógica explorativa).

Cultivar e salvaguardar a liberdade de pensar

Cuidar de si é, na sua essência, um trabalho de ação relacionado a modos do pensar e do sentir para buscar uma forma boa do ser-aí; por isso, o conhecer si mesmo tem sentido se não é observação finalizada em si mesma, mas observação que prepara à ação transformadora. Decidir-se pelo trabalho sobre si exige atos livres da mente, aqueles gerados pela disciplina do meditar profundamente as questões essenciais. Não existe autoeducação se não existe liberdade (Stein, 1991, p. 235). A liberdade não é, porém, uma qualidade consubstancial ao ser de cada um e permanente: ela deve ser cultivada. Por isso, uma direção de sentido a ser buscada é a liberdade de pensar.

Cuidar da liberdade não significa pensar e afirmar aquilo que se quer independentemente de qualquer confronto e de qualquer critério intersubjetivo. Significa, porém, salvaguardar a possibilidade de explorar diferentes mundos de pensamento sem subjugar-se a censuras preventivas e proibições; não aceitar verdade alguma dada, mas garantir sempre a responsabilidade de ir em busca da verdade; e para experimentar uma real liberdade, e não um individualismo cego, submeter toda a ideia ao confronto crítico com outros para, então, aceitá-la como adequada somente após processos plurais de problematização radical; enfim, mesmo quando assumimos uma ideia como adequada para orientar nossa experiência, considerá-la sempre como um ponto provisório, como algo a ser colocado em discussão toda vez que o choque com a experiência mostre a parcialidade ou a contestabilidade das nossas interpretações.

Deve-se aprender a intolerância pelas verdades que se apresentam como definitivas e pelos códigos que pretendem regulamentar *a prior* todos os setores da experiência, para, sim, estar em contínuo diálogo com o existente e com as suas transformações. É verdade que o desejo de certezas pertence à ordem das coisas; a extrema incerteza, a falta de pontos de apoio bloquearia qualquer movimento do ser-aí. Todavia, um investimento excessivo em certas teorias impede que o movimento do pensar se desenvolva segundo a sua força e a sua direção originária, aquela que orienta a buscar clarões que iluminem a experiência. Trata-se de conciliar a busca por pontos de apoio, estes entendidos como sempre provisórios, com a paixão pela liberdade de explorar o novo. Cultivar um pensamento nômade, capaz de atravessar paisagens e culturas diferentes, de confrontar-se com o aberto, levando consigo o necessário para dialogar com o outro.

Pensar juntos

O discurso com relação ao cuidado de si aqui desenvolvido pode parecer ter o limite de ser um discurso demasiado interior, solipsista, pois a atenção ao outro, a dimensão intersubjetiva da existência, foi tematizada somente em algumas passagens. O fato de que o cuidado de si em relação ao outro não tenha constituído um tema específico deste trabalho não se deve a uma desatenção diante da esfera relacional, mas se sustenta no pressuposto de que, devido à consistência relacional, plural, da condição humana, pela qual a nossa vida está intrinsecamente ligada a dos outros, todo o trabalho sobre si, justamente ao se manter fiel à sua direção de sentido originária, que consiste em buscar os contornos da arte de existir para, assim, dar uma forma boa à própria vida, não pode deixar de manter sempre o olhar na prioridade de construir boas relações vitais com os outros. Uma vez que viver é conviver, dar uma forma boa ao existir passa necessariamente pelo cuidar das relações. Trabalhar pela própria plenitude atuativa, na qual se sente a alegria de ser (εὐπάθεια), é inseparável da atenção ao outro.

Dito isso, deve-se, porém, precisar que cuidar de si da maneira aqui individuada é possível apenas quando certas condições primárias do viver estão garantidas, e que, se essa possibilidade é dada a um certo número de pessoas, não é possível se esquecer de que vivemos num mundo em que a fome, os dissabores e os sofrimentos conseguintes ao espalhar-se das guerras, a falta de respeito pelos direitos humanos, a formas de violência mais ou menos explícitas constituem o fardo quotidiano de muitos. Para inúmeros habitantes da Terra, a possibilidade de realizar para si uma atuação adequada da existência é um sonho tão remoto que quase não assume forma alguma na mente. Uma autoformação que não leva essa realidade em conta, ou seja, que não se ocupa dos outros, estejam eles próximos ou distantes, carece do seu sentido próprio e torna-se, então, mero dandismo e trabalho intimista.

Já foi dito que o cuidado de si é aprendido dentro de uma comunidade de práticas em que a preocupação por uma boa autoformação ocupa um lugar primário. Devido a tal condição, a comunidade na qual se aprende o cuidado de si, para ser autenticamente capaz de impor a justa direção ao processo de autoformação, a direção que leva em conta a qualidade ontológica da condição humana só pode ser intensivamente permeada pela ética da atenção ao outro, na qual a *eudaimonía*, o estar bem que aristotelicamente é uma coisa só com o agir bem, é concebida sempre como inseparável do bem-estar dos outros e, portanto, do empenho em agir para que esse bem comum se realize.

Todo ato do processo de autoformação – o pensar-se pensar e sentir, o questionar essencial, o exercício das práticas espirituais – adquire a sua verdadeira legitimidade ontológica ao conservar a preocupação pelo outro no centro da atenção. É a relação com o outro que levanta as verdadeiras questões de sentido e que nos chama à busca pela melhor forma do ser-aí.

Buscar a verdade da experiência

O sentido da formação, segundo Platão (*Górgias*, 487a), consiste em dar forma a uma mente bem cultivada, que tenha ciência (ἐπιστήμη), benevolência (εὔνοια) – entendida como procurar fazer bem – e franqueza (παρρησία) – entendida como a coragem de dizer a verdade.

O termo *parresía* indica a coragem de dizer as coisas assim como elas estão, mesmo numa situação na qual o falante coloca-se em risco. Dizer as coisas como elas estão é uma prática discursiva que diz respeito não só à relação com os outros, mas, antes de mais nada, àquela consigo mesmo. Aprender a ater-se a um registro de verdade significa aceitar a fadiga cognitiva e emotiva de permanecer numa relação de franca honestidade consigo mesmo e com os outros. Significa evitar mimetizar-se dentro de ilusões, descartar a tendência a buscar refúgios da mente e designar o nosso ser-aí assim como ele é.

A verdade não é, porém, algo que se tem, mas é, sobretudo, algo que continuamente deve ser buscado. Para estar em busca da verdade da experiência, é preciso aceitar o limite interno de validade de todo processo de pensamento; este é sempre limitado pela janela subjetiva da qual se vê a realidade. A coragem de estar sempre em busca da verdade, conhecendo a fragilidade e a incerteza intrínseca de toda construção de pensamento, é a matriz geradora do dialogar autêntico que se qualifica como alimento essencial e imprescindível para o ser-aí.

NOTA DE REFLEXÃO

Neste estudo, busquei manter-me fiel à teoria socrático-platônica que atribui um valor essencial ao trabalho mental de busca do conhecimento e, para entrar nessa perspectiva, confiei-me ao método fenomenológico, que persegue o objetivo da máxima clareza cognitiva.

A busca da verdade da experiência tem um sentido se as palavras não permanecem no papel, mas são colocadas à prova mediante os fatos. Experimentar, pelo máximo de tempo possível, a prática de autoinvestigação evidencia a análise o mais radical e honesta possível da vida da mente, a perseverança no exame dos atos cognitivos e dos atos afetivos para buscar compreender a sua força na fabricação do ser-aí, ajuda a estar na realidade de maneira consciente, a identificar os refúgios da mente que afastam da realidade efetiva e enganam os nossos passos e, enfim, a desfazer certos emaranhados interiores que consomem a energia vital e desordenam o viver. Por isso, como ensina Sócrates, uma vida sem empenho a pensar não é plenamente vivida e o princípio do conhecer a vida da mente deve ser assumido com o máximo rigor possível.

Contudo, justamente à luz da experiência, e não só por um devido ato de análise crítica do próprio trabalho de pesquisa, deve-se indicar o risco de um intelectualismo do trabalho do cuidado de si que, para ser autenticamente tal, existem outras coisas. Exige uma razão não fria, mas apaixonada, um *lógos agapétos*, isto é, um pensamento nutrido por um cuidado apaixonado pela verdade viva, e uma dedicação a procurar modelar da melhor maneira possível com o agir o ser-aí com os outros no mundo, segundo o princípio de *agápe*, de amor pelas coisas. O problema não é só a cegueira espiritual, mas também a pobreza afetiva, pois nenhum raciocínio claro, mesmo que fosse perfeitamente puro (Platão, *Fé-*

don, 65e), constitui uma resposta adequada à tendência própria da alma na direção daquilo que faz bem ao viver. Um raciocínio límpido, porém, privado de "amores e paixões" (66c), jamais pode satisfazer a sede de sentido da alma, mas deixa a vida na friagem. Uma vida sem um pouquinho de amor não vale a pena ser vivida.

REFERÊNCIAS

Agostinho (1965-1982). *De ordine* (Italiano, Trad.). *In Opere di sant'Agostino*. Roma: Città Nuova.

Agostinho (1995). *Confessioni* (Italiano, Trad.). Milano: Garzanti.

Arendt, H. (1987). *La vita della mente* (Italiano, Trad.). Il Mulino: Bologna. (Obra original publicada em 1978)

Aristóteles (1993). *Etica Nicomachea* (Italiano, Trad.). Milano: Rusconi.

Aristóteles (2000). *Metafisica* (Italiano, Trad.). Milano: Bompiani.

De Monticelli, R. (1998). *La conoscenza personale*. Milano: Guerini e Associati.

De Monticelli, R. (2000). (Org.). Introduzione. *In* ______ (Org.). *La persona: apparenza e realtà*. Milano: Raffaello Cortina. p. XV-L.

De Monticelli, R. (2003). Edith Stein e la fenomenologia della mistica. *In* STEIN, E. *Vie della conoscenza di Dio*. Bologna: EDB. p. 71-139.

De Monticelli, R. (2004). *L'allegria della mente*: dialogando con Agostino. Milano: Bruno Mondadori.

Epiteto (1982). *Diatribe* (Italiano, Trad.). Milano: Rusconi.

Epicuro (1997). *Scritti morali* (Italiano, Trad.). Milano: Rizzoli.

Epiteto (2000). *Manuale* (Italiano, Trad.). Milano: Garzanti.

Foucault, M. (1992). *Tecnologie del sé* (Italiano, Trad.). Torino: Bollati Boringhieri. (Obra original publicada em 1988)

Foucault, M. (1996). *La cura di sé* (Italiano, Trad.). Milano: Feltinelli. (Obra original publicada em 1984)

Foucault, M. (2003). *L'ermeneutica del soggetto. Corso al Collège de France 1981-1982*. Tr. it. Milano: Feltrinelli. (Obra original publicada em 2001)

Frijda, N. H. (1990). *Emozioni* (Italiano, Trad.). Bologna: Il Mulino. (Obra original publicada em 1986)

Goodman, N. (1988). *Vedere e costruire il mondo* (Italiano, Trad.). Roma; Bari: Laterza. (Obra original publicada em 1978)

Hadot, P. (1997). *La cittadella interiore* (Italiano, Trad.). Milano: Vita e Pensiero. (Obra original publicada em 1992)

Hadot, P. (1998). *Che cos'è la flosofia antica* (Italiano, Trad.). Torino: Einaudi. (Obra original publicada em 1995)

Hadot. P. (2005). *Esercizi spirituali e filosofia antica*. Torino: Einaudi. (Obra original publicada em 2002)

Harré, R., Gillet, G. (1994). *La mente discorsiva* (Italiano, Trad.). Milano: Raffaello Cortina. (Obra original publicada em 1996)

Heidegger, M. (1976). *Essere e tempo* (Italiano, Trad.). Milano: Longanesi. (Obra original publicada em 1927)

Heidegger, M. (1976). *Lettera sull'"umanismo"* (Italiano, Trad.). *In* ______. *Segnavia*. 2. ed. Milano: Adelphi, 2002.

Heidegger, M. (1999). *Prolegomeni alla storia del concetto di tempo* (Italiano, Trad.). Genova: Il Melangolo. (Obra original publicada em 1975)

Heidegger, M. (2001). *Che cos'è metafisica*? (Italiano, Trad.). Milano: Adelphi. (Obra original publicada em 1929)

Husserl, E. (2002). *Idee per una fenomenologia pura e una filosofia fenomenologica*. v. 1. (Italiano, Trad.). Torino: Einaudi. (Obra original publicada em 1913a)

Husserl, E. (2002). *Idee per una fenomenologia pura e una filosofia fenomenologica*. v. 2. (Italiano, Trad.). Torino: Einaudi. (Obra original publicada em 1913b)

Lami, A. (1997) (Org.). *I presocratici* (Italiano, Trad.). Milano: Rizzoli.

Lévinas, E. (1998). *Tra noi* (Italiano, Trad.). Milano: Jaca Book. (Obra original publicada em 1991)

Marco Aurélio (2008). *Pensieri* (Italiano, Trad.). Milano: Bompiani.

Marion, J.-L. (2005). *Étant donné*. Paris: PUF.

Mortari, L. (2013). *Aver cura della vita della mente*. Roma: Carocci.

Mortari, L. (2015). *La filosofia della cura*. Milano: Raffaello Cortina.

Mortari, L. (2017). *La sapienza del cuore*. Milano: Raffaello Cortina.

Mortari, L. (2018). *Melarete*. Milano: Vita e Pensiero.

Nussbaum, M. (1996). *La fragilità del bene* (Italiano, Trad.). Bologna: Il Mulino, Bologna. (Obra original publicada em 1986)

Nussbaum, M. (1998). *Terapia del desiderio* (Italiano, Trad.). Milano: Vita e Pensiero. (Obra original publicada em 1996)

Nussbaum, M. (2004). *L'intelligenza delle emozioni* (Italiano, Trad.). Bologna: Il Mulino. (Obra original publicada em 2001)

Oatley, K. (1997). *Psicologia delle emozioni* (Italiano, Trad.). Bologna: Il Mulino. (Obra original publicada em 1992)

Ouaknin, M.-A. (2003). *Concerto pour quatre consonnes sans voyelles*. Paris: Payot.

Platão (1995). *Alcibiade Primo* (Italiano, Trad.). Milano: Rizzoli.

Platão (2000). *Tutti gli scritti* (Italiano, Trad.). Milano: Bompiani.

Platão (2001). *Repubblica* (Italiano, Trad.). Roma; Bari: Laterza.

Plotino (2000). *Enneadi* (Italiano, Trad.). Milano: Bompiani.

Plutarco (1989). *Moralia I. La serenità interiore* (Italiano, Trad.). Pordenone: Biblioteca dell'Immagine.

Rilke, R. M. (1978). *Elegie duinesi* (Italiano, Trad.). Torino: Einaudi. (Obra original publicada em 1923)

Scheler, M. (1999). *Il valore della vita emotiva* (Italiano, Trad.). Milano: Guerini e Associati. (Obra original publicada em 1955)

Scheler, M. (2008). Ordo amoris. *In* ______. *Scritti sulla fenomenologia e l'amore*. Tr. it. Milano: Franco Angeli. p. 109-135. (Obra original publicada em 1916)

Sêneca (1994). *Lettere morali a Lucilio* (Italiano, Trad.). Milano: Mondadori.

Sêneca (1997). *La tranquillità dell'anima* (Italiano, Trad.). Milano: Rizzoli.

Solomon, R. C. (2008). The philosophy of emotions. *In* Lewis, M., Haviland-Jones, J. M., Feldman Barrett, L. (Org.). *Handbook of emotions*. New York; London: Guilford. p. 3-16.

Steier, F. (1995) (Org.). *Research and reflexivity* (2a ed.). London: Sage.

Stein, E. (1991). *La mistica della croce* (Italiano, Trad.). Roma: Città Nuova. (Obra original publicada em 1980)

Stein, E. (1997). *Natura Persona Mistica*: per una ricerca cristiana della verità (Italiano, Trad.). Roma: Città Nuova. (Obra original publicada em 1962b)

Stein, E. (1999). *Essere finito e essere eterno* (Italiano, Trad.). Roma: Città Nuova. (Obra original publicada em 1962a)

Stein, E. (1999). *Il mistero della vita interiore* (Italiano, Trad.). Brescia: Queriniana. (Obra original publicada em 1997)

Stein, E. (1999). *Psicologia e scienze dello spirito* (Italiano, Trad.). Roma: Città Nuova. (Obra original publicada em 1922a)

Stein, E. (2000). La causalità psichica (Italiano, Trad.). *In* De Monticelli, R. (Org.). *La persona: apparenza e realtà*. Milano: Raffaello Cortina. p. 159-203. (Obra original publicada em 1922b)

Stein, E. (2001). *Introduzione alla filosofia* (Italiano, Trad.). Roma: Città Nuova. (Obra original publicada em 1991)

Varela, F. J., Thompson, E., Rosch, E. (1992). *La via di mezzo della conoscenza* (Italiano, Trad.). Milano: Feltrinelli. (Obra original publicada em 1991)

Von Hildebrand, D. (2000). Differenti tipi di profondità personale e loro relazioni reciproche (Italiano, Trad.). *In* De Monticelli, R. (Org.). *La persona: apparenza e realtà*. Milano: Raffaello Cortina. p. 71-98. (Obra original publicada em 1922)

Waaijman, K. (2007). *La spiritualità*: forme, fondamenti, metodi (Italiano, Trad.). Brescia: Queriniana. (Obra original publicada em 2000)

Weil, S. (2002). *L'ombra e la grazia* (Italiano, Trad.). Milano: Bompiani. (Obra original publicada em 1947)

Weil, S. (1985). *Quaderni*. v. 2. (Italiano, Trad.). Milano: Adelphi. (Obra original publicada em 1972)

Zambrano, M. (1989). *Notas de un método* (2a. ed.). Madrid: Mondadori.

Zambrano, M. (1996). *Verso un sapere dell'anima* (Italiano, Trad.). Milano: Raffaello Cortina. (Obra original publicada em 1950)

Zambrano, M. (1992). *I beati* (Italiano, Trad.). Milano: Feltrinelli. (Obra original publicada em 1990)

Zambrano, M. (1997). Per una storia della pietà (Italiano, Trad.). *In aut aut*, n. 279, Milano, maggio-giugno, p. 63-69. (Obra original publicada em 1949)

Zambrano, M. (2000). *L'aurora* (Italiano, Trad.). Genova: Marieti. (Obra original publicada em 1986)

Zambrano, M. (2001). *Chiari del bosco* (Italiano, Trad.). Milano: Raffaello Cortina. (Obra original publicada em 1977)

Zambrano, M. (2001). *L'uomo e il divino* (Italiano, Trad.). Roma: Lavoro. (Obra original publicada em 1973)

Zambrano, M. (2003). *La razón en la sombra*: antología crítica. Madrid: Siruela.

Zambrano, M. (2008). *Per l'amore e per la libertà* (Italiano, Trad.). Genova: Marietti. (Obra original publicada em 2007)

Construindo ideias
e conectando mentes

Este livro foi composto com as tipografias Lady Jasmine,
Times New Roman e Caviar Dreams, em junho de 2024.